名言英単語

RELEARN ENGLISH
VOCABULARY WITH
396 QUOTES

心に響く名言で英単語を学び直す

心に響く名言で英単語を学ぶ

『名言英単語』は，心に響く英語名言を例文に，高校教科書レベルの英単語が学べる単語集です。「努力・成功」「困難・挑戦」などの 10 のテーマ別に，396 の英語名言が収録されており，そこに登場する約 1300 語の見出し語とその派生語を身につけることができます。

単語を覚える際，例文の音読や暗記は有効な手段です。**本書の例文は 1 つ 1 つが含蓄に富んでおり，登場する単語の意味が自然に頭に残ります。**思わずうなったり，クスッと笑えたり，心が軽くなったりする素敵な言葉の数々が，皆さんの心に残り，仕事や人生に活きる気づきを与えてくれるでしょう。

また，文構造の補足もあるので，「英語は久しぶり」という大人の方から，「興味のある英文を通して力を伸ばしたい」という中高生まで，幅広くお使いいただけます。本書の見出し語は，日常生活で出会う英文を読み解くのに必須と言える英単語ばかりなので，「英語学習にチャレンジしたいけれど，何から始めるか迷っている」という方の，はじめの 1 冊としてもおすすめです。名言や単語の音声は，Web サイトから無料でダウンロード・ストリーミングができ，学習にお役立ていただけます。

名言英語シリーズで，ポジティブな学びを

この『名言英語シリーズ』の先駆けとなる『名言英文法』は，2021 年 3 月に発売され，多くの方に手に取っていただくことができました。読者の皆さまからは次のような感想をいただき，心に響く名言を通して英語を学ぶ，本シリーズの意義を改めて確信しました。

- 英語が苦手で何をやってもつまらなかったのですが，この本では例文を暗唱して，文法だけでなく教養も身につけられるので，やる気が出ます！
- 子供とともに読んでいます。学生時代の記憶を頼りに，久しぶりの英語，面白いです。子供たちも，偉人の言葉や英語にも興味を持ってくれているみたいで，読書感覚で手に取っています。
- この本に出てくるクリスティアーノ・ロナウドやエマ・ワトソンよりも年上になった今でも，英語学習の機会をくれたこの本に感謝しています。これを機に十数年ぶりに英検や TOEIC に再挑戦できればとも思います。

単語と文法は英語学習に欠かせない両輪ですが，多くの学習者がこの基礎の習得に苦労しています。そしてそこには，**苦手な英語に立ち向かう億劫さや，忙しい生活の中で時間を割けないもどかしさ**があるように思います。そんな悩みを抱えた方でも，本シリーズなら「**英語は苦手だけど，名言なら面白そう**」「**今日はやる気が出ないけど，名言を読むだけでもやろうかな**」と思っていただけるのではないかと思います。

自分から「読みたい」「理解したい」と思える英文だからこそ，**学ぶ意欲がわいてくる**。忙しい日々の中で少しでも**時間を割きたい**と思える。本シリーズを通して，そんなポジティブな学びをお届けできたら嬉しい限りです。

新しい世界に触れ，教養を深めるきっかけに

もちろん，英語が好きという方にも楽しんでいただける内容になっています。大人になって，ふと，「**教養を身につけたいな**」「**久しぶりに何か勉強してみようかな**」と思うことがあるかもしれません。自分の知らない新しい世界に触れることは，いくつになっても楽しいことです。

本書の英文コラム Close-up & Review では，IT・エンタメ・芸術・人権保護・環境保護など，さまざまな分野の著名人 10 名を取り上げています。この英文を読むことで，本書に登場する英単語の復習・定着を図ることができますが，その内容にもぜひ注目してみてください。

- ノーベル賞はどのようにして生まれたのか？ なぜ今でも世界中の注目を集めているのか？
- 今では当たり前に存在するコンピューター技術や映画文化はいつ生まれたのか？
- 20 世紀最大の画家と言われるピカソの偉大さはどこにあるのか？

など，改めて身の回りのことに興味を持ち，考えてみるきっかけになるはずです。

本書が英単語の習得に役立つのはもちろんのこと，新たな気づきやより深い学びにつながることを願っています。

2021年11月　Ｚ会編集部

4

目次

Close-up & Review

本書の利用法

● 本文

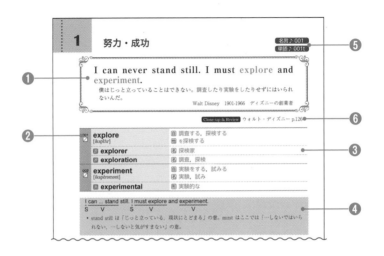

❶英語名言

英語名言を，その言葉を残した人物の情報（名前・生没年・職業）とともに掲載しています。各英文で覚えるべき英単語とその和訳は，赤シートを使うと消える色文字になっています。

※英語名言については，本書に掲載している内容以外に，いくつかのバリエーションが存在するものがあります。また，名言を残した人物についても諸説ある場合がありますが，一般に有力と考えられている人物を掲載しています。

❷見出し語

❶で色文字になっている英単語を，見出し語として掲載しています。本書には，主に高校教科書レベルの見出し語 1304 語とその派生語 400 語が収録されています。見出し語には ⁰⁰⁰ の通し番号がついています。見出し語に関連する語には，次のアイコンがついています。

派 派生語	類 類義語	反 反意語	参 参考語

※派生語は，見出し語としてカウントしていません。類義語・反意語・参考語は，見出し語としてカウントしています。

❸ 単語の意味

単語の意味は，赤シートを使うと消える色文字になっています。品詞を表す記号やその他の記号は以下の通りです。

他 他動詞	自 自動詞	名 名詞	形 形容詞
副 副詞	前 前置詞	接 接続詞	助 助動詞

※他動詞の目的語を受けた「を」「に」などは，通常の文字より小さく表示しています。
2語以上の句動詞の目的語は「long for ～　～を切望する」のように「～」で表しています。

，コンマ	読点。同じ語義の言い換え。　例）責任, 責務
；セミコロン	別の語義を示す。　例）空腹の, 飢えた；渇望して
（　）	省略可能。　例）後悔（の気持ち） 目的語の補足説明。　例）（数値など）を達成する
〔　〕	交換可能。　例）やけど〔日焼け〕する
〈　〉	語義の補足。　例）〈通例複数形で〉
～	名詞（句）の代用。句動詞の目的語。
...	動詞や節の代用。
...ing	現在分詞または動名詞の代用。
to ...	to 不定詞の代用。

❹ 文構造の解説

文構造を SVOC の記号で表示しています。それぞれの記号の意味は，p.10 で確認してください。従属節にはアポストロフィーのついた S'V'O'C' を使用しています。関係詞節は [　] で示しています。

❺ 音声ファイル番号

見開き1ページごとに読み上げ音声が用意されており，それぞれ「名言」と「単語」に分かれています。ダウンロード・再生方法は p.8 で確認してください。

❻ Close-up & Review へのリンク

Close-up & Review の英文コラムで取り上げられている人物には，Close-up & Review のアイコンとページ数が示されています。

● Close-up & Review

　IT・エンタメ・芸術・環境保護など，さまざまな分野の著名人 10 名にクローズアップした英文コラムです。

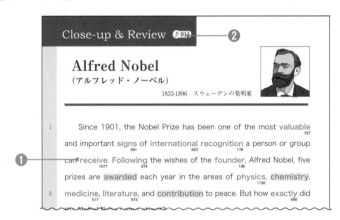

❶ 見出し語および派生語

色文字の英単語	本書の他のページで，見出し語または派生語として登場しています。英文の中で単語の意味を確認し，定着を図りましょう。見出し語番号を参照し，当該ページに戻って復習することができます。
色文字＋背景色の英単語	英文コラムで見出し語として登場する単語です。コラムの次のページに「Close-up & Review 重要語句」が一覧になっているので，意味を確認しましょう。

❷ 音声ファイル番号

　英文コラム，および次のページの重要語句に読み上げ音声が用意されています。

● 本書の音声について

　本書に掲載している名言・単語・コラムには，読み上げ音声がついています。下記Web サイトにて，ダウンロードとストリーミング再生が可能です。音声ファイルはMP3 形式で，本書に記載のファイルマーク 名言♪000 単語♪000t ♪000 ♪000t の番号に対応しています。

https://service.zkai.co.jp/books/zbooks_data/dlstream?c=5399

基礎文法のまとめ

　ここでは，英文を読む際に必須となる，基礎的な文法事項について確認することができます。英語に苦手意識がある方は，初めに目を通してから本編に進みましょう。

品詞

　英語の単語は，文中での役割によっていくつかのグループに分けられます。それぞれの働きを確認しましょう。

名詞	人や物事の名前を表す。数えられる可算名詞と，数えられない不可算名詞がある。 例：apple, computer → 可算名詞　water, music → 不可算名詞
動詞	人や物事の状態や動作・心の動きなどを表す。目的語を必要とする他動詞と，必要としない自動詞がある。 例：reach　〜に到着する → 他動詞 　　 arrive　到着する → 自動詞
形容詞	人や物事の様子・状態・性質などを表す。名詞を前後から修飾する限定用法と，補語として文の要素になる叙述用法がある。 例：an interesting book → 限定用法 　　 The book is interesting. → 叙述用法
副詞	様態・場所・時・頻度・程度などを表す。文中の動詞，形容詞，他の副詞，文全体などを修飾し，さまざまな情報を加える。 例：I got up early this morning.　私は今朝早く起きました。
代名詞	主に前に述べられた名詞の代わりに使う。「人称」，「人数」，文中での役割を表す「格」によって形が変わる。 例：1 人称の単数　I（主格）– my（所有格）- me（目的格） 　　 1 人称の複数　we（主格）– our（所有格）- us（目的格）
前置詞	時・場所・位置関係・理由・目的などを表す。名詞や代名詞の前に置かれ，ひとまとまりで形容詞や副詞の働きをする。 例：The meeting starts at 11:00 a.m. in Room A. 　　 会議は午前 11 時から会議室 A で始まります。
接続詞	語と語，句と句，節と節をつなぐ働きをする。文法的に対等な語・句・節同士をつなぐ等位接続詞と，主節に従属節を結びつける従位接続詞がある。 例：I had a pizza and Kaori had a curry. → 等位接続詞 　　 私はピザを食べ，カオリはカレーを食べました。 　　 I was cooking when he came back. → 従位接続詞 　　 彼が帰ってきたとき，私は料理をしていました。

文の要素

英語の文は，次の4つの要素を決まった順番に並べることで成り立っています。

文の要素	役割	当てはまる語句
主語（S）	動作・状態・気持ちなどの主体を表す	名詞の働きをする語句
述語動詞 (V)	主語の動作・状態・気持ちなどを表す	動詞（助動詞などを伴う場合もある）
目的語（O）	動作の対象（何を・何に）を表す	名詞の働きをする語句
補語（C）	主語・目的語の性質や状態を説明する	名詞または形容詞の働きをする語句

文型

文の要素の並べ方は，主に次の5通りです。

● 第1文型 SV

go, come, run, wait, arrive など，補語をとらずに意味が通る自動詞が第1文型をとる。「～へ，～で，～を」などの動作の対象を表すには，前置詞が必要。文の要素にはならない修飾語を伴うことが多い。

I go to the gym after work every day.　私は毎日仕事終わりにジムへ行きます。
S V

※ there ＋ be 動詞＋主語 (S) ＋場所

相手に「存在（何かがあること）」を知らせる表現。文の要素は主語と述語動詞だけなので，この形も第1文型と言える。

There are many old buildings in this city.　この街には多くの古い建物があります。
　　 V　　 S

● 第2文型 SVC

be 動詞，seem，become，sound など，補語をとらなければ意味を成さない自動詞が第2文型をとる。第2文型の補語は，主語について，その性質，状態，内容などを説明する。

My brother is a member of the team.　私の兄はそのチームの一員です。
　 S　　 V　　　　 C

● 第3文型 SVO

have, play, eat, read など，後ろに目的語を1つ伴う他動詞が第3文型をとる。目的語は，述語動詞が表す動作，状態，気持ちなどの対象となる人やもの。

<u>My uncle</u> <u>has</u> <u>a good sense of humor</u>.　私の叔父はユーモアのセンスがあります。
　　S　　　V　　　　　　O

● 第4文型　SVOO

　give，teach，buy，cook など，後ろに目的語を2つ伴う他動詞が第4文型をとる。
1つ目の目的語に「人」を，2つ目の目的語に「もの」を置く。
<u>I</u> <u>will give</u> <u>you</u> <u>a hint</u>.　あなたにヒントをあげましょう。
S　　　V　　　O　　O

● 第5文型　SVOC

　make，keep，get，call など，後ろに目的語と補語をとる他動詞が第5文型をとる。
第5文型の補語は，目的語の性質，状態，内容などを説明する。
<u>The news</u> <u>made</u> <u>me</u> <u>happy</u>.　その知らせは私を幸せにしました。
　　S　　　　V　　O　　C
　　　　　　　　　　　　　〔その知らせを聞いて私は嬉しかったです。〕

重要な文法

● 不定詞（to ...）　名詞・形容詞・副詞として働く。

① 名詞（…すること）

　<u>To make good coffee</u> is difficult.　<u>美味しいコーヒーをいれるの</u>は難しい。

② 形容詞（…する〜）

　I have something <u>to show you</u>.　私は<u>あなたに見せたい</u>ものがあります。

③ 副詞（…するために　など）

　My sister went to Paris <u>to study art</u>.　私の妹は<u>芸術を学ぶために</u>パリへ行きました。

● 動名詞（...ing）　名詞として働く。

　I am not good at <u>dancing</u>.　私は<u>踊ること</u>が得意ではありません。

● 分詞（...ing）

① 形容詞として働く

　Look at the girl <u>dancing</u> over there.　向こうで<u>踊っている</u>女の子を見てください。

② 分詞構文（…しながら，…して　など）

　We stayed up late, <u>talking</u> about our future plan.
　私たちは将来の計画について<u>話しながら</u>，夜更かしをしました。

● 関係代名詞

① which, who, that

関係詞節が<u>形容詞の役割</u>をし，直前の名詞（= 先行詞）を修飾する。

【主格】I met the man [who（that）invented this device].

　　　　私は［この装置を発明した］男性に会いました。

【目的格】This is a museum [that a famous architect designed].

　　　　これは，［有名な建築家が設計した］美術館です。

② whose

関係詞節が<u>形容詞の役割</u>をし，直前の名詞（= 先行詞）を修飾する。

【所有格】I have a friend [whose father is an artist].

　　　　私には［お父さんが芸術家の］友達がいます。

③ what + SV

関係詞節が<u>名詞の役割</u>をし，「…なもの〔こと〕」という意味を成す。what 自体に先行詞が含まれている。

This is [what I want to do].　これが，［私がやりたい<u>こと</u>］です。

重要な構文

● 形式主語構文　It is 〜 + to 不定詞 または that 節

It は形式主語で，本来の主語（真主語）は後に続く to 不定詞または that 節の内容。

It is important <u>to keep in good shape</u>.　健康を保つことは大切だ。

● 強調構文　It is A that B.

It is と that の間に名詞または副詞を入れて「B するのは A だ」と強調する。

It was <u>my sister</u> that〔who〕won the first prize.　優勝したのは<u>私の姉</u>でした。

● 間接疑問

疑問詞または接続詞 whether〔if〕で始まる名詞節を文中に置いて，文の一部として疑問の意味を表す。通常の疑問文と異なり，S + V の語順になる。

Do you know <u>where he went</u>?　あなたは，<u>彼がどこへ行ったか</u>知っていますか。

パンクチュエーション

文末につけるピリオド（ . ）や，文の区切りにつけるコンマ（ , ）の他，よく登場する次の 2 つの使い方を押さえましょう。

コロン（:）　　「すなわち」という意味で，具体的な情報の前に置く。

セミコロン（;）　and や but などの等位接続詞の代わりに，2 つの節をつなぐ。

Chapter 1

努力・成功

Effort / Success

1 努力・成功

> ## I can never stand still. I must explore and experiment.
>
> 僕はじっと立っていることはできない。調査したり実験をしたりせずにはいられないんだ。
>
> Walt Disney　1901-1966　ディズニーの創業者

Close-up & Review ウォルト・ディズニー p.126

001	**explore** [ikspl5ːr]	自 調査する，探検する 他 を探検する
	派 **explorer**	名 探検家
	派 **exploration**	名 調査，探検
002	**experiment** [ikspérəmənt]	自 実験をする，試みる 名 実験，試み
	派 **experimental**	形 実験的な

I can ... stand still. I must explore and experiment.
S　　V　　　S　　V　　　　V

• stand still は「じっと立っている，現状にとどまる」の意。must はここでは「…しないではいられない，…しないと気がすまない」の意。

> ## It has been my observation that most people get ahead during the time that others waste.
>
> たいていの人は，他の人が（その時間を）浪費している間に成功するというのが，私の観察である。
>
> Henry Ford　1863-1947　フォード・モーター創業者

003	**observation** [àbzərvéiʃən | ɔ̀b-]	名 観察；気づくこと
	派 **observe**	他 を観察する；に気づく　自 観察する
004	**ahead** [əhéd]	副 進んで；前方に，先に **get ahead** 成功する；先へ進む
005	反 **behind**	副 遅れて；後ろに
006	**waste** [wéist]	他 を浪費する 名 浪費；廃棄物

It has been my observation that ....　　that 節内 most people get ahead ...
S　V　　　C　　　　真主語　　　　　　　　S'　　　V'

• that others waste は関係詞節で，time を修飾している。

Energy and persistence conquer all things.

活力と粘り強さはあらゆることを克服する。

Benjamin Franklin　1706-1790　アメリカの政治家，科学者

007 ☑	**energy** [énərdʒi]	图 活力，エネルギー
008 ☑	**persistence** [pərsístəns]	图 粘り強さ，固執，堅持
	派 **persistent**	形 粘り強い，固執する
009 ☑	**conquer** [kánkər | kɔ́ŋ-]	他 を克服する，を征服する 自 勝つ

Energy and persistence conquer all things.
　　S　　　　　　　　　　V　　　　 O

There is no magic to achievement. It's really about hard work, choices, and persistence.

偉業に到達する魔法などありません。それは本当に，大変な努力，（複数の）選択，そして粘り強さに尽きます。

Michelle Obama　1964-　バラク・オバマ大統領夫人

010 ☑	**magic** [mædʒík]	图 魔法，魔力 形 魔法の
011 ☑	**achievement** [ətʃíːvmənt]	图 偉業，功績；達成
012 ☑	**choice** [tʃɔ́is]	图 選択；選択権

There is no magic .... It's really about ....
　　 V 　　 S　　　　　 SV　　　　 C

- 〈there is no＋名詞〉は「（名詞）がない」という意味。It is (all) about ～. (～に尽きる，～が最も重要である）という表現があり，実感を込めて really（本当に）が使われている。

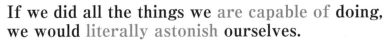

If we did all the things we are capable of doing, we would literally astonish ourselves.

もし私たちができるすべてのことをやったとしたら，文字通り自分たちをあっと驚かせるだろう。

Thomas Edison　1847-1931　アメリカの発明家

013 ☑	**capable** [kéipəbl]	形 （…する）能力がある；有能な **be capable of ...ing** …することができる
	派 **capability**	名 能力
014 ☑	**literally** [lítərəli]	副 まさしく，文字通り　※実際に「文字通り」でない場合でも，誇張表現として用いられることがある。
	派 **literal**	形 文字通りの
015 ☑	**astonish** [əstániʃ	-tón-]	他 をあっと驚かせる
	派 **astonishing**	形 あっと驚くような

If we did ... things [(that) we are capable ...], we would ... astonish ourselves.
　 S'　 V'　　 O'　　　 [S] [V]　 [C]　　　 S　　　　 V　　　　 O

- 〈If S' ＋過去形…，S ＋助動詞の過去形＋動詞の原形…〉は「もし…なら，…だろうに」という仮定法。we are capable of doing は関係詞節で，things を修飾している。
- この文の astonish は，ほぼ同じ意味の astound と表記されている場合もある。

You will never regret making a sacrifice. It will always pay you back.

犠牲を払ったことを決して後悔しないでしょう。それはいつもあなたに報いてくれますから。

Lorena Ochoa　1981-　メキシコのプロゴルファー

016 ☑	**regret** [rigrét]	他 を後悔する，を遺憾に思う **reget ...ing** …したことを後悔する 名 後悔，残念な気持ち
017 ☑	**sacrifice** [sǽkrifàis]	名 犠牲，いけにえ 他 を犠牲にする

You will ... regret making a sacrifice. It will ... pay you ....
　 S　　 V　　　　 O　　　　　　 S　 V　　 O

- make a sacrifice は「犠牲を払う」，pay back は「お返し〔仕返し〕をする」の意。

If you're not practicing, somebody else is, somewhere, and he'll be ready to take your job.

君が練習していないとき，他の誰かがどこかで練習している。そしてその人は，君の仕事を引き受ける準備を万全にしているだろう。

Brooks Robinson　1937-　元メジャーリーガー

018 ☑	**practice** [prǽktis]	自 練習する　他 を練習する；を実行する 名 練習；実行；慣例
019 ☑	**somebody** [sʌ́mbàdi, -bʌ̀di, -bədi]	代 誰か，ある人
020 ☑	**somewhere** [sʌ́mʰwèər	-wὲə]	副 どこかで〔へ〕

If you're not practicing, somebody ... is, ..., and he'll be ready ....
S'　　　　 V'　　　 S 　　　V 　　　　 S　 V 　 C

• somebody else is の後に practicing が省略されている。

• be ready to ... は「…する準備ができている」，あるいは「喜んで…する」の意。

You don't win championships by just being normal, by just being average.

ただ普通であるだけで，平均的であるだけで，優勝を勝ち取ることはない。

Bill Walton　1952-　元バスケットボール選手

021 ☑	**championship** [tʃǽmpiənʃip]	名 優勝者（の地位）；決勝戦
022 ☑	**normal** [nɔ́ːrməl]	形 普通の，平均の；正常な 名 標準
派	**normally**	副 普通に；正常に
023 ☑	**average** [ǽvəridʒ]	形 平均的な，並みの 名 平均（値）

You don't win championships ....
S 　　 V 　　 O

• by just being average は by just being normal の言い換え。直前のコンマは同格を表している。

Fortune cannot aid those who do nothing.

幸運は，何もしない人を助けることはできない。

Sophocles　紀元前 496 頃 -406　古代ギリシアの悲劇作家

024	**fortune** [fɔ́ːrtʃən]	图 幸運；運命；財産
025	類 **luck**	图 運，幸運
026	**aid** [éid]	他 を助ける，を援助する 自 助ける，援助する
027	類 **assist**	他 を補助する　自 補助的に手伝う

Fortune cannot aid those [who do nothing].
　S　　　V　　　O　[S] [V]　[O]

• those who ... は「…する人たち」という意味。who do nothing は関係詞節で，those を修飾し，どんな人なのかを説明している。

If you believe in yourself and have dedication and pride — and never quit, you'll be a winner.

もしあなたが，自分を信じ，献身し誇りを持ち，そして決してやめなければ，勝者になるでしょう。

Bear Bryant　1913-1983　アメリカンフットボールの指導者

028	**dedication** [dèdikéiʃən]	图 献身，専念
	派 **dedicate**	他 をささげる
029	**pride** [práid]	图 誇り，自慢；自尊心
	派 **proud**	圏 誇りに思って；高慢な **be proud of 〜**　〜を誇りに思う
030	**quit** [kwít]	自 （途中で）やめる；辞職する 他 をやめる
031	類 **retire**	自 （定年）退職する

If you believe in ... and have dedication and pride — and ... quit, you'll be a winner.
　S'　V'　　　　　　V'　　　　　O'　　　　　　　　V'　　S V　C

> **Envy** is the most **stupid** of vices, for there is no single **advantage** to be gained from it.
>
> 嫉妬は悪徳の中で最も愚かだ。それから得られる利点は1つもないのだから。
>
> Honoré de Balzac　1799-1850　フランスの小説家

032 ☑	**envy** [énvi]	图 嫉妬，羨望，ねたみ 他 をうらやむ，をねたむ
033 ☑	**stupid** [stʲúːpid | stjúː-]	形 愚かな，ばかげた
034 ☑	類 **silly**	形 ばかな，くだらない
035 ☑	**advantage** [ædvǽntidʒ | ədvάːn-]	图 利点，メリット **take advantage of ～**　～を利用する
	派 **advantageous**	形 有利な，都合のよい
036 ☑	反 **disadvantage**	图 不利な点，デメリット

Envy is the most stupid ..., for there is no single advantage ....
　S　V　　　　C　　　　　　　　　　V　　　　S

- 〈there is no ＋名詞〉は「(名詞) がない」という意味。single を使い，「ただの1つもない」と強調している。to be gained from it は形容詞の役割をする to 不定詞で，advantage を修飾している。

> **Let** your joy **be** in your **journey** — not in some **distant** goal.
>
> 道のりの中に喜びがあるようにしなさい。どこか遠くのゴールにではなく。
>
> Tim Cook　1960-　Apple の CEO

037 ☑	**journey** [dʒə́ːrni]	图 〈比喩的に〉道のり；旅
038 ☑	**distant** [dístənt]	形 遠い，離れた
039 ☑	類 **remote**	形 遠く離れた；遠隔の

Let your joy be in your journey ....
　V　　O　　 C

- 〈let O ＋動詞の原形〉は「O に自由に…させる，O が…するのを許す」の意。

Figure out what scares you the most and do that first.

最もあなたを怖がらせることを理解し，それを最初にやりなさい。

Steven Pressfield　1943-　アメリカの著述家

040	figure out ～	～を理解する；～を解決する
041	scare [skéɚr]	他 を怖がらせる　自 怖がる
派	scared	形 怖がっている，おびえた

Figure out what scares you ... and do that first.
　　　　　　V　　　　O　　　　　　　V　O

• what は先行詞を含む関係代名詞。what(S) scares(V) you(O) で「あなたを怖がらせること」の意。

Change starts local. Even global change starts small with people like us.

変化は局地的に始まる。地球規模の変化でさえ，僕たちのような人々から小規模に始まるんだ。

Mark Zuckerberg　1984-　Facebook の共同創業者

042	local [lóukəl]	形 局地的な，特定の地域の；地元の 名 地元の人
派	locally	副 局地的に，地元で
043	global [glóubəl]	形 地球規模の，全世界的な
派	globally	副 地球規模で
派	globalization	名 グローバル化

Change starts local. Even global change starts small ....
　　　　S　　　V　　　　　　　　S　　　　　V

• 本来は start locally のはずだが，印象付けるためにあえて文法上正しくない表現を使っていると思われる。

Concentrate all your thoughts upon the work at hand. The sun's rays do not burn until brought to a focus.

目の前にある仕事に思考を集中させなさい。太陽光線は，焦点が合って初めて燃えるのです。

Alexander Graham Bell　1847-1922　発明家，科学者

044	**thought** [θɔ́:t]	名 思考，考え，意見
	派 **thoughtful**	形 考えにふける；思いやりのある
045	**upon** [əpán, əpɔ́:n | əpɔ́n ；（弱）əpən]	前 ～（の上）に；～に接して　※on より堅い語。
046	**burn** [bə́ːrn]	自 燃える；やけど〔日焼け〕する
		他 を燃やす，を焼く
047	参 **grill**	他 を焼き網で焼く
048	**focus** [fóukəs]	名 焦点；集中　他 を集中させる
		自 集中する
		focus on ～　～に焦点を当てる，～に集中する

Concentrate all your thoughts .... The ... rays do not burn until (it is) brought ....
　　　V　　　　　　O　　　　　　　　　S　　　　　V　　　　　　　　(S'　　V')

• until の後に it is が省略されている。not ... until ～ で「～するまで…しない，～して初めて…する」の意。

Only the prepared speaker deserves to be confident.

前もって準備した話し手だけが，自信を持つに値する。

Dale Carnegie　1888-1955　成功哲学・自己啓発分野の著述家

049	**speaker** [spíːkər]	名 話し手，講演者
050	**deserve** [dizə́ːrv]	他 に値する
		deserve to ...　…するに値する

Only the prepared speaker deserves to be confident.
　　　　　S　　　　　　　V　　　　　　O

> # The most important thing for a young man is to establish a credit ... a reputation, character.
> 若者にとって最も重要なことは，信用，評判，人格を確立することだ。
>
> John Rockefeller 1839-1937 スタンダード・オイル社の創業者

051	**establish** [istǽbliʃ]	他 を確立する；を設立する
	派 **establishment**	名 設立；組織
052	**credit** [krédit]	名 信用，賞賛；信用取引
053	**reputation** [rèpjutéiʃən]	名 評判，名声
054	類 **fame**	名 名声，有名であること

The most important thing ... is to establish a credit ....
      S   V   C

> # Only miracle is plain; it is in the ordinary that groans with the weight of glory.
> 奇跡だけが明らかだ。それは，栄光の重みでうめき声をあげる普通のものの中にある。
>
> Robert Farrar Capon 1925-2013 アメリカの牧師，著述家

055	**miracle** [mírəkl]	名 奇跡
056	**plain** [pléin]	形 明らかな，わかりやすい；率直な
057	**groan** [gróun]	自 うめく；不満をもらす
058	**weight** [wéit]	名 重み；重さ，体重 他 に重みを加える
	派 **weigh**	他 の重さを量る 自 重さが～である

Only miracle is plain; it is in the ordinary [that groans ...].
  S V C S V   [S] [V]
- 〈the ＋形容詞〉は「～なもの」を表す名詞となる。the ordinary は「普通のもの」の意。
- that 以下は関係詞節で，the ordinary を修飾している。

No amount of ability is of the slightest avail without honor.

どんなに高い能力でも，誠実さがなければまったく役に立ちません。

Thomas Carlyle　1795-1881　歴史家，評論家

059	**slight** [sláit]	形 わずかな，少しの
	派 **slightly**	副 わずかに，少し
060	**avail** [əvéil]	名 効用，利益
061	**honor** [ánər | ɔ́n-]	名 誠実さ；名誉；尊敬

No amount of ability is of the slightest avail without honor.
　　　　　　　　S　　　　　 V　　　　　　　　 C

- no amount of ~ は「どんなに~でも…ない」の意。〈of ＋抽象名詞〉は形容詞の働きをすることがあり，of avail は available（役に立つ）と同じ意味。slightest は slight の最上級。

If you run from a leaking roof, you'll end up with a flood.

もし雨漏りしている屋根から逃げ出したら，最後には洪水になるでしょう。

Mahmoud Abbas　1935-　パレスチナ自治政府を率いる政治家

062	**leak** [líːk]	自 雨漏りする，漏れる
		他 を漏らす
063	**roof** [rúːf]	名 屋根
064	**end up**	最後には~になる
065	**flood** [flʌ́d]	名 洪水；殺到

If you run from a leaking roof, you'll end up with a flood.
　S'　V'　　　　　　　　　　　S　 V

- run には「逃げる」という意味もある。

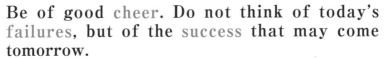

> **Be of good cheer. Do not think of today's failures, but of the success that may come tomorrow.**
>
> 元気でいましょう。今日の失敗のことを考えるのではなく，明日やってくるかもしれない成功のことを考えて。
>
> Helen Keller　1880-1968　教育家，社会福祉活動家

066 ☑	**cheer** [tʃíər]	图 機嫌，元気；喝采 圁 声援を送る　他 を元気づける
派	**cheerful**	形 元気な，機嫌のよい
派	**cheerfully**	副 元気に，機嫌よく
067 ☑	**failure** [féiljər]	图 失敗；怠慢；不全
068 ☑	**success** [səksés]	图 成功

Be of good cheer. Do not think of ..., but of the success [that may come ...].
V　　C　　　　V　　　　　　　　　　　　　[S]　[V]

• 〈be of ＋形容詞＋名詞〉は「〜の性質を持つ」の意。1 文目は命令文で，good cheer（元気）でいなさいということ。2 文目は not A but B（A ではなく B）で，think に続く 2 つの of 〜 が A，B にあたる。

> **Drifting, without aim or purpose, is the first cause of failure.**
>
> 目標も目的もなしに漂うことは，失敗の第一の原因である。
>
> Napoleon Hill　1883-1970　成功哲学の提唱者

069 ☑	**drift** [dríft]	圁 漂う，漂流する 他 を漂流させる
070 ☑	**aim** [éim]	图 目標，ねらい 圁 目指す　他 をねらっている
071 ☑	類 **target**	图 達成目標（額）；標的　他 を目標にする
072 ☑	**cause** [kɔ́:z]	图 原因；理由 他 を引き起こす，の原因となる

Drifting, ..., is the first cause of failure.
S　　V　　　　C

• コンマで区切られた without aim or purpose は，drifting の状況を説明する挿入句。

24

Our business in this world is not to succeed, but to continue to fail, in good spirits.

この世界での我々の仕事は，成功することではなく，前向きに失敗し続けることである。

Robert Louis Stevenson　1850-1894　スコットランド生まれの小説家

073 ☑	**succeed** [səksíːd]	自 成功する，うまくいく；後を継ぐ 他 の後任となる
074 ☑	**continue** [kəntínjuː]	他 を続ける　**continue to ...**〔**...ing**〕　…し続ける 自 続く；続ける
075 ☑	**fail** [féil]	自 失敗する；怠る　他 (試験など) に落ちる **fail to ...**　…しそこねる，…できない

Our business ... is not to succeed, but to continue ....
　　　　 S　　 V　　　 C　　　　　　　 C

- not A but B（AではなくB）を使った文で，2つの to 不定詞句がA，Bにあたる。

My great concern is not whether you have failed, but whether you are content with your failure.

私の大きな関心事は，あなたが失敗したかどうかではなく，あなたが失敗に甘んじているかどうかである。

Abraham Lincoln　1809-1865　第 16 代アメリカ合衆国大統領

076 ☑	**concern** [kənsə́ːrn]	名 関心 (事)；心配
派	**concerned**	形 関心のある；心配して **be concerned that ...**　…を懸念する
077 ☑	**whether** [hwéðər]	接 …かどうか **whether A or B〔not〕**　AかBか〔否か〕；AであろうとBであろうと〔そうでなかろうと〕
078 ☑	**content** 形[kəntént]　名[kántent | kɔ́n-]	形 満足して，甘んじて 名 内容，中身

My great concern is not whether ..., but whether ....
　　　　 S　　　　 V　 C　　　　　　 C

- not A but B（AではなくB）を使った文で，A・Bにあたるのは whether の導く 2 つの名詞節。

Success is the maximum utilization of the ability that you have.

成功とは，自らが持つ能力を最大限に利用することである。

Zig Ziglar　1926-2012　自己啓発分野の著述家，講演家

079	**maximum** [mǽksəməm]	形 最大 (限) の 名 最大限，最大数量
080	反 **minimum**	形 最小 (限) の　名 最小限
081	**utilization** [jùːtələzéiʃən]	名 利用する〔される〕こと
	派 **utilize**	他 を利用する
082	**ability** [əbíləti]	名 能力 **ability to ...** …する能力

Success is the maximum utilization of the ability [that you have].
　　S　　　V　　　　　C　　　　　　　　　　　　　[O] [S] [V]

• that you have は関係詞節で，ability を修飾している。

You long for success? Start at the bottom; dig down.

成功を望んでいるのですね？　一番下から始めなさい。掘り下げるのです。

Edward Abbey　1927-1989　アメリカの作家

083	**long for 〜**	〜を切望する，〜に思い焦がれる
084	**bottom** [bátəm | bɔ́t-]	名 一番下，底 形 最下部の
085	**dig** [díg]	自 掘る　**dig down** 掘り下げる 他 を掘る；を掘り出す

You long for success? Start at the bottom; dig down.
　S　　V　　　O　　　V　　　　　　　　　V

• 1文目は肯定文に「？」がついた形。純粋な質問というより，内容の確認をしている。

26

Success doesn't count unless you earn it fair and square.

成功は，公平かつ正当に得たものでなければ価値がありません。

Michelle Obama　1964-　バラク・オバマ大統領夫人

086 ☑	**count** [káunt]	圓 価値がある，重要である；数える 他 を数える　名 数えること；総数
087 ☑	**unless** [ənlés]	接 …でない限り，もし…でなければ
088 ☑	**earn** [ə́ːrn]	他 を得る；(生計)をたてる
089 ☑	**fair** [féər]	副 公平に，公正に 形 公正な；妥当な
	派 **fairly**	副 公正に；かなり，相当に

Success doesn't count unless you earn it ....
　　S　　　V　　　　　　　　S'　V' O'

• fair and square は動詞 earn を修飾する副詞句。square は「四角 (の)」の他，「正当な，誠実な，まともな」などの意味がある。

Success is almost totally dependent upon drive and persistence.

成功は，ほぼ完全にやる気と根気次第である。

Denis Waitley　1933-　自己啓発分野の講演家，著述家

090 ☑	**totally** [tóutəli]	副 完全に，まったく
	派 **total**	形 総計の；完全な　名 合計，総額
091 ☑	**dependent** [dipéndənt]	形 be dependent (up)on ～　～次第である；～に依存している
092 ☑	反 **independent**	形 独立した；自立した

Success is almost totally dependent upon drive and persistence.
　　S　　V　　　　　　　　　C

• ここでの drive は「やる気，意欲」という意味の名詞。

Success is a relative term. It brings so many relatives.

成功というものは相対的な用語である。成功は非常に多くの親族を連れてくる。

Stephen Hawking　1942-2018　イギリス生まれの「車いすの物理学者」

093	relative [rélətiv]	形 相対的な，比較上の；比例した
		名 親族，身内
	派 relatively	副 相対的に；比較的
094	term [tə́ːrm]	名 専門用語；(特定の) 期間

Success is a relative term. It brings so many relatives.
S　　V　　C　　　S　　V　　　　O

- relative は多義語。前半の形容詞 relative（相対的な）にひっかけて，後半では成功すると恩恵に あずかろうとして relatives（名詞：親族）が集まってくると皮肉っている。

The secret to winning is constant, consistent management.

勝利の秘訣は，絶え間ない一貫したマネジメントにある。

Tom Landry　1924-2000　アメリカンフットボールの選手

095	constant [kánstənt	kón-]	形 絶え間なく続く；一定 (不変) の
	派 constantly	副 絶えず，しきりに
096	consistent [kənsístənt]	形 一貫した；持続的な
	派 consistently	副 一貫して；絶えず
097	management [mǽnidʒmənt]	名 マネジメント，管理，経営
	派 manage	他 を管理する，を経営する
	派 manager	名 管理者，経営者

The secret to winning is constant, consistent management.
S　　　　　　V　　　　　C

- secret の後ろの to は不定詞の to ではなく，前置詞であることに注意。後ろには名詞が続く。

Let us take warning from another's wound.

他人の傷から警告を受けましょう。

St. Jerome　340 頃 -420　キリスト教の聖職者

098	**warning** [wɔ́ːrniŋ]	图 警告，警報
	派 **warn**	他 に警告する　自 警告を与える
099	**wound** [wúːnd]	图 傷，けが
		他 を傷つける

Let us take warning ....
V O   C

As I mentioned previously, the tools that allow for optimum health are diet and exercise.

以前話したように，最良の健康を可能にさせる手段は食事と運動だ。

Bill Toomey　1939-　アメリカの元陸上競技選手

100	**mention** [ménʃən]	他 を話に出す，に言及する
101	類 **refer**	自 言及する **refer to ～**　～に言及する
102	**previously** [príːviəsli]	副 以前に
	派 **previous**	形 以前の；1 つ前の
103	**diet** [dáiət]	图 （栄養面から見た）食事；ダイエット

As I mentioned ..., the tools [that allow for ... health] are diet and exercise.
S'　V'　　　　　S　　[S]　　[V]　　　　[O]　V　　　C

- mention は他動詞なので本来は目的語が必要だが，ここでは省略されている。that allow for optimum health は関係詞節で，tools を修飾している。
- allow for ～ は「～を可能にさせる」，optimum は「最適な」。tool はここでは「手段」の意。

Determination is like a muscle. If you do not use it regularly, it fades away.

決断力は筋肉のようなものです。定期的に使わなければ，それは徐々に消えていきます。
Lynn Jennings　1960-　アメリカの元陸上競技選手

104	**determination** [dɪtə̀ːrmənéiʃən]	图 決断力；決意，決定
105	**regularly** [régjulərli]	副 定期的に；規則正しく
	派 **regular**	形 定期的な；規則正しい
106	**fade** [féid]	自 消えていく，弱まる　他 の色をあせさせる **fade away** 徐々に消えていく

Determination is like a muscle. If you do not use it ..., it fades away.
　　S　　　V　　C　　　　S'　　V'　O'　S　　V

Baseball is ninety percent mental and the other half is physical.

野球は 90 パーセントが精神的（なもの）で，残りの半分が身体的（なもの）だ。
Yogi Berra　1925-2015　アメリカのプロ野球選手

107	**percent** [pərsént]	形 パーセントの 名 パーセント
108	**mental** [méntl]	形 精神的な；知能の
	派 **mentally**	副 精神的に
109	**physical** [fízikəl]	形 身体的な，肉体の；物理の
	派 **physically**	副 身体的に；物理的に

Baseball is ... mental and the other half is physical.
　　S　　V　　C　　　　　　　　S　　V　　C

• the other half は，先に半分について述べ，その後に残りの半分を取り上げるときに用いる。本来残りは 10% となるはずだが，ヨギ・ベラらしいユーモアが感じられる。

Sports do not build character; they reveal it.

スポーツは人格を形成するのではなく，それを明らかにするんだ。

John Wooden　1910-2010　バスケットボールのコーチ

110 ☑	**character** [kǽriktər]	图 人格；性格；特徴
111 ☑	**reveal** [rivíːl]	他 を明らかにする，を暴露する

Sports do not build character; they reveal it.
　S　　　　　　　　　　O　　　S　　V　O

• build (one's) character は「人格を形成する」の意。

People often say that motivation doesn't last. Well, neither does bathing — that's why I recommend it daily.

人々はよくやる気が続かないと言うね。あのね，入浴も続かないよね。だから僕はそれを毎日続けるように勧めるんだ。

Zig Ziglar　1926-2012　自己啓発分野の著述家，講演家

112 ☑	**motivation** [mòutəvéiʃən]	图 やる気；動機
113 ☑	**last** [lǽst | láːst]	自 続く；持ちこたえる 形 この前の；最後の
114 ☑	**neither** [níːðər | nái-]	副 〜もまた…ない 形 代 どちら (の〜) も…ない
115 ☑	**recommend** [rèkəménd]	他 を勧める；を推薦する
派	**recommendation**	图 おすすめ；推薦 (状)

People ... say that .... Well, neither does bathing — that's why I recommend it ....
　S　　　V　　O　　　　　　　　　　V　　　S　　　S V　　　　　　　C

• neither が文頭に置かれると倒置が起こるため，bathing (S) does (V) ではなく does (V) bathing (S) の語順になっている。does は last の代わりに使われている。
• that's why ... は「そういうわけで…だ」の意。why は関係副詞。

> You can motivate by fear, and you can motivate by reward. But both of those methods are only temporary. The only lasting thing is self-motivation.
>
> 怖れによってやる気にさせることもできるし，報酬によってやる気にさせることもできる。でも，それらの方法は両方とも一時的だ。唯一長続きするものは自発性である。
>
> Homer Rice　1927-　元アメリカンフットボール選手

116	**motivate** [móutəvèit]	他 をやる気にさせる，に動機を与える
117	**reward** [riwɔ́ːrd]	名 報酬；報い 他 に報酬を与える
118	**method** [méθəd]	名 方法（論），手法；秩序
119	**temporary** [témpərèri | -rəri]	形 一時的な，臨時の
120	**lasting** [lǽstiŋ | láːst-]	形 長続きする，永続する

You can motivate ..., and you can motivate ....
　S　　V　　　　　S　　V

But both ... are ... temporary. The only lasting thing is self-motivation.
　S　　V　　C　　　　　　S　　　　　V　　C

- motivate は他動詞なので本来は目的語が必要だが，ここでは省略されている。self-motivation は「自発性」の意。

32

> **Successful people understand the value of time. Once they commit to doing something, they would never cancel.**
>
> 成功する人間は時間の価値をわかっている。いったん何かをすると約束したら，決して取り消さない。
>
> Raymond Arroyo　1970-　アメリカのジャーナリスト，作家

121 ☑	**commit** [kəmít]	他 を約束する；（犯罪など）を犯す **commit *oneself* to ～**　～を約束する
派	**committee**	名 委員会
派	**commitment**	名 約束；献身
122 ☑	**cancel** [kǽnsəl]	自 取り消す，中止する 他 を取り消す

... people understand the value of time. Once they commit ..., they would ... cancel.
　　　S　　V　　　　　O　　　　　　　　S'　　V'　　　S　　　　　　V

- 「…することを約束する〔に尽力する〕」の意味では通例 commit *oneself* to ...ing となるが，ここでは themselves は省略されている。be committed to ...ing という受動態もよく使われる。

> **However beautiful the strategy, you should occasionally look at the results.**
>
> どんなにその戦略が素晴らしいものであっても，時折その結果を見るべきである。
>
> Winston Churchill　1874-1965　第二次世界大戦中のイギリス首相

123 ☑	**however** [hauévər]	副 〈接続詞的に〉どれほど…であっても，どんなに…（しよう）とも；しかしながら
124 ☑	**strategy** [strǽtədʒi]	名 戦略，方策
125 ☑	**occasionally** [əkéiʒənəli]	副 時々，時折
派	**occasion**	名 時，場合；機会

However beautiful the strategy (is), you should ... look at ....
　　　　　　　C'　　　　　　　S'　　V'　S　　　V

- 〈however ＋形容詞・副詞＋ S V〉は譲歩節を導く。be 動詞は省略されることがある。

Alfred Nobel

（アルフレッド・ノーベル）

1833-1896　スウェーデンの発明家

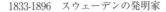

1　　Since 1901, the Nobel Prize has been one of the most valuable [727] and important signs [591] of international recognition [923] [178] a person or group can receive [1077]. Following [374] the wishes of the founder [138], Alfred Nobel, five prizes are awarded each year in the areas of physics [1126], chemistry,

5　medicine, literature [517] [973], and contribution to peace. But how exactly [656] did the Nobel Prize come about?

　　Born [775] in Sweden in 1833, Alfred Nobel grew [381] up to be a leading inventor [347], scientist, businessman and writer. He traveled widely, speaking several languages. At the time of his death, he held over 350

10　patents for a wide range [1048] of inventions [1198]. The most well-known of these is dynamite. This explosive [971] boosted the technologies [316] of mining and engineering and helped to shape [933] the modern [1168] world, as well as making Nobel an extremely [565] rich man.

　　However [123], despite [911] the peaceful [249] use of many of these inventions [1198],

15　his work on explosives [971] led [705] to increasingly powerful [418] weapons [897] of war. When Nobel was older, he worried that he would be remembered for this. He declared that his fortune [024] should be used to establish [051] annual awards, including [783] one for peace. Furthermore, it was his wish that the awards would be given globally [043]. Perhaps this is one of the

20　reasons why the awards are still so well respected [402] today.

Self-respect without the respect of others is like a jewel which will not stand the daylight.
他者への敬意に欠ける自尊心は, 陽の光に耐えられない宝石のようである。

　1901年以来, ノーベル賞は, 個人あるいは団体が受け取ることのできる, 最も価値ある重要な世界的評価の証の1つとなっています。創設者であるアルフレッド・ノーベルの意向に従い, 物理学, 化学, 医学, 文学, そして平和貢献の分野で, 毎年5つの賞が授与されています。ではノーベル賞は正確にはどのようにして生まれたのでしょうか。

　1833年にスウェーデンに生まれたアルフレッド・ノーベルは, 成長して一流の発明家・科学者・実業家・作家となりました。彼は, 数か国語を操りながら, 各地を飛び回っていました。亡くなった当時, 彼は幅広い発明で350を超える特許を取得していました。その中でも最もよく知られているのが, ダイナマイトです。この爆薬により, ノーベルは非常に裕福になっただけでなく, 採掘や工学の技術を飛躍的に発展させ, 近代世界の形成にも貢献しました。

　しかしながら, これらの発明品の多くは平和的に利用されたにもかかわらず, 彼の爆薬の業績は, ますます強力な戦争兵器へとつながりました。ノーベルは晩年になると, 自分がこのことで人々に記憶されるのではないかと危惧していました。彼は自身の財産が, 平和賞を含めた, 年に一度の賞を創設することに活用されるようにと表明しました。さらには, その賞が世界中(の人々)に贈られるものとなることが彼の願いでした。おそらくこれが, 今なおこの賞が高く評価されている理由の1つなのです。

→アルフレッド・ノーベルの名言 p.53

語句・表現
ℓ.6 come about「生まれる, 生じる」　*ℓ*.7 grow up to be ～「成長して～になる」
ℓ.10 patent「特許」　*ℓ*.15 increasingly「ますます」　*ℓ*.18 furthermore「さらに」
文法
ℓ.12 ～ 13 A as well as B「BだけでなくAも」, make O C「OをCにする」
　making の主語は, 文の主語と同じ this explosive。ダイナマイトがノーベルを裕福にしたということ。
ℓ.18 ～ 19 it was his wish that …「…ということが彼の願いだった」 it は形式主語。
ℓ.19 ～ 20 this is one of the reasons why …「これが…の理由の1つである」

Close-up & Review　重要語句

♪ 011t

　アルフレッド・ノーベルのコラムはいかがでしたか？　まだ国際平和という概念がなかった19世紀末，科学技術の発展は軍事力の発展，ひいては国家の発展そのものでした。そのような時代において，国籍を問わず優れた研究や活動を表彰するという考えは非常に画期的でした。毎年10月の受賞者発表の際は，科学者としてもビジネスパーソンとしても大きな成功を収めたノーベルの偉業を思い出してくださいね。

　さて，このページではアルフレッド・ノーベルのコラムに登場した次の語句を押さえましょう。

126	**award** [əwɔ́ːrd]	他 （賞など）を与える 名 賞，賞品，賞金
127	**chemistry** [kéməstri]	名 化学
128	**contribution** [kàntrəbjúːʃən | kɔ̀n-]	名 貢献；寄付金
129	**well-known** [wélnóun]	形 よく知られた
130	**boost** [búːst]	他 を加速させる，（利益など）を増大させる 名 景気づけ；上昇
131	**mining** [máiniŋ]	名 採掘（業）
	派 **mine**	他 を採掘する　自 採鉱する　名 鉱山；地雷
132	**engineering** [èndʒiníəriŋ]	名 エンジニアリング，工学（技術）
	派 **engineer**	名 エンジニア，技師
133	**declare** [dikléər]	他 を宣言する，を断言する
	派 **declaration**	名 宣言（文）
134	**annual** [ǽnjuəl]	形 年1回の，毎年の
	派 **annually**	副 毎年，1年毎に
135	**perhaps** [pərhǽps]	副 おそらく，ひょっとしたら

Chapter 2

困難・挑戦

Difficulty /
Challenge

> A successful man is one who can lay a firm foundation with the bricks others have thrown at him.
>
> 成功する人とは，他の人が自分に向けて投げたれんがで，確固たる土台を築ける人だ。　　David Brinkley　1920-2003　アメリカのニュースキャスター

136	successful [səksésfəl]	形 成功した，上出来の
	派 successfully	副 成功して，うまく
137	firm [fə́ːrm]	形 確固たる，しっかりした
		名 (小規模な) 会社
138	foundation [faundéiʃən]	名 土台，基礎；設立
	派 found	他 を設立する
	派 founder	名 創設者
139	brick [brík]	名 れんが

A successful man is one [who can lay a firm foundation with ...].
　　S　　　　V　C　[S]　[V]　　　[O]

- who can lay ... は関係詞節で，one を修飾している。others have thrown at him も関係詞節で，bricks を修飾している。節内は others(S) have thrown(V) という構造。

> Patience is a virtue, and I'm learning patience. It's a tough lesson.
>
> 忍耐は美徳だ。そして僕は忍耐を学んでいるところなんだ。それは骨の折れる訓練だけどね。　　Elon Musk　1971-　テスラモーターズの共同創業者

140	patience [péiʃəns]	名 忍耐 (力)，我慢
	派 patient	形 忍耐強い　名 患者
141	tough [tʌ́f]	形 骨の折れる，困難な；丈夫な

Patience is a virtue, and I'm learning patience. It's a tough lesson.
　S　　V　C　　　　S　V　　　O　　SV　　C

- virtue は「美徳，長所」の意。

We realize the importance of our voices only when we are silenced.

私たちは，沈黙させられて初めて，自分の発言権の大切さがよくわかるのです。

Malala Yousafzai　1997-　パキスタン生まれの人権活動家

142 ☑	**realize** [ríːəlàiz | ríəl-]	他 がよくわかる，に気づく；を実現する
143 ☑	**importance** [impɔ́ɹʈəns]	名 大切さ，重要性
144 ☑	**silence** [sáiləns]	他 を沈黙させる 名 沈黙，静けさ

We realize the importance of our voices only when we are silenced.

  S   V   O   S'   V'

• voice は「声；発言（権）」の意。only when ... は「…して初めて，…してようやく」。

The only limit to our realization of tomorrow will be our doubts of today.

未来の実現に対する唯一の制限は，現在の疑念だろう。

Franklin Roosevelt　1882-1945　第32代アメリカ合衆国大統領

145 ☑	**limit** [límit]	名 制限，限界 他 を制限する
146 ☑	**realization** [rìːəlizéiʃən, rìəlaiz-]	名 実現，達成；認識
147 ☑	**doubt** [dáut]	名 疑い，疑念 他 を疑う，を信用しない
派	**doubtful**	形 疑わしい，不確かな

The only limit ... of tomorrow will be our doubts of today.

             S   V   C

• tomorrow, today は「明日」「今日」という意味の他，「未来」「現在」という意味もある。

The greatest discovery of my generation is that a human being can alter his life by altering his attitudes of mind.

私の世代の最も偉大な発見は，人間は考え方を変えることで自分の人生を変えることができるということだ。

William James　1842-1910　アメリカの哲学者，心理学者

| 148 | **discovery**
[diskʌ́vəri] | 图 発見 |
| 149 | **generation**
[dʒènəréiʃən] | 图 一世代；同世代の人々 |

... discovery ... is that ....　　that節内 a human being can alter his life by ...
　　　S　　　 V　 C　　　　　　　　　 S'　　　　 V'　　 O'

• *one's* attitudes of mind は「考え方，心構え」を表す。attitude は「態度」，mind は「心，精神」などの意。

An injury is not just a process of recovery. It's a process of discovery.

けがは，単に回復の過程ではなく，発見の過程なんだ。

Conor McGregor　1988-　アイルランドの総合格闘家

150	**injury** [índʒəri]	图 けが，傷害
	派 **injure**	他 を傷つける
151	**process** [práses | próu-]	图 過程；一連の変化
152	**recovery** [rikʌ́vəri]	图 回復，取り戻すこと
	派 **recover**	自 回復する　他 を取り戻す

An injury is not just a process of recovery. It's a process of discovery.
　S　 V　　　　　　　 C　　　　　SV　　　 C

> # Cancer didn't bring me to my knees, it brought me to my feet.
>
> がんは私をひざまずかせなかった。それは私を立ち上がらせたんだ。
>
> Michael Douglas　1944-　アメリカの俳優

153 ☑	**cancer** [kǽnsər]	图 がん
154 ☑	**knee** [níː]	图 ひざ
	派 **kneel**	自 ひざまずく，ひざを曲げる

Cancer didn't bring me ..., it brought me ....
   S   V   O   S   V   O

- bring ～ to one's knees は「～をひざまずかせる，～を屈服させる」，bring ～ to one's feet は「～を立ち上がらせる」の意。feet は foot（足）の複数形。
- 例外的に，2つの節がコンマでつながれている。

> # Everything negative — pressure, challenges — is all an opportunity for me to rise.
>
> プレッシャーや試練のようなマイナスなものはすべて，僕にとっては上に行くための機会なんだ。
>
> Kobe Bryant　1978-2020　アメリカのバスケットボール選手

155 ☑	**negative** [négətiv]	形 マイナスな，否定的な，消極的な
156 ☑	反 **positive**	形 プラスの，肯定的な，前向きな
157 ☑	**challenge** [tʃǽlindʒ]	图 試練；挑戦 他 に異議を唱える，に挑む
158 ☑	**opportunity** [àpərtʃúːnəti | ɔ̀pətjúː-]	图 機会，好機
159 ☑	類 **chance**	图 （偶然の）機会；見込み
160 ☑	**rise** [ráiz]	自 上がる；（太陽などが）昇る；出世する

Everything ... is all an opportunity for me to rise.
    S   V   C

- to rise（上に行くための）は to 不定詞で，opportunity の内容を説明している。

Times of stress and difficulty are seasons of opportunity when the seeds of progress are sown.

ストレスと困難の時期は，進歩の種がまかれる機会の時期なのだ。

Thomas F. Woodlock　1866-1945　*The Wall Street Journal* 編集者

161	**stress** [strés]	图 ストレス；緊張 他 を強調する
	派 **stressful**	形 ストレスの多い，重圧のかかる
162	**difficulty** [dífikʌ̀lti | -kəl-]	图 困難；難題
163	**seed** [síːd]	图 種，種子
164	**progress** 图 [prágres | próu-] 動 [prəgrés]	图 進歩，発展 自 前進する **make progress** 進展する，進捗がある

Times ... are seasons of opportunity [when the seeds ... are sown].
　S　　V　　　　C　　　　　　　　　　[S]　　　[V]

- when the seeds of progress are sown（進歩の種がまかれる）は関係詞節で，opportunity を修飾している。sow a seed（種をまく）の受動態が使われている。

Don't judge each day by the harvest you reap, but by the seeds you plant.

毎日を，収穫した取れ高で判断するのではなく，まいた種で判断しなさい。

Robert Louis Stevenson　1850-1894　スコットランド生まれの小説家

165	**harvest** [háːrvist]	图 作物の収穫(高)，収穫期；成果
166	**reap** [ríːp]	他 を収穫する；(利益)を得る 自 収穫する

Don't judge each day by the harvest [(that) you reap],
　V　　　O　　　　　　　　　　　　[O]　[S] [V]

but by the seeds [(that) you plant].
　　　　　　　[O]　[S] [V]

- not A but B を使った文。by ～ が A・B にあたる。you reap と you plant は関係詞節で，それぞれ harvest と seeds を修飾している。いずれも関係代名詞 that が省略されている。

The pessimist sees difficulty in every opportunity. The optimist sees opportunity in every difficulty.

悲観論者というものは，すべてのチャンスに困難を見る。楽観主義者というものは，すべての困難にチャンスを見る。

Winston Churchill　1874-1965　第二次世界大戦中のイギリス首相

167 ☑	**pessimist** [pésəmist]	名 悲観論者
	派 **pessimistic**	形 悲観的な
168 ☑	**optimist** [áptəmist｜ɔ́p-]	名 楽観主義者
	派 **optimistic**	形 楽観的な

The pessimist sees difficulty in .... The optimist sees opportunity in ....
　　　S　　　V　　　O　　　　　　S　　　V　　　　O

• ここでの〈the ＋単数名詞〉は「〜というもの」と全体をひとまとめにした表現。difficulty（困難，苦労），opportunity（チャンス，好機）の見方を対比している。

It is better to light a single candle than to curse the darkness.

暗闇を呪うより，たった1本のろうそくに火を灯すほうがいいわ。

Eleanor Roosevelt　1884-1962　フランクリン・ルーズベルト大統領夫人

169 ☑	**single** [síŋgl]	形 （たった）1つの；独身の；1人用の 名 1つ，1人
170 ☑	参 **double**	形 2倍の；二重の；2人用の　名 2倍　他 を2倍にする
171 ☑	参 **couple**	名 2つ，2人，一組
172 ☑	**curse** [kɔ́ːrs]	他 を呪う，に悪態をつく 名 呪い，悪態
173 ☑	**darkness** [dɑ́ːrknis]	名 暗闇，夜；邪悪

It is better to light a single candle than to curse the darkness.
S V　　C　　　　　　真主語

• 文頭の It は形式主語で，本来の主語は to light 〜。to light 〜 と to curse 〜 が比較されている。
• 元々は中国の格言とも言われており，single なしで表記されている場合もある。

When you have to cope with a lot of problems, you're either going to sink or you're going to swim.

たくさんの問題にうまく対処しなければならないとき，人は沈むか泳ぐかのどちらかになる。

Tom Cruise 1962- アメリカの俳優

174 ☑	**cope** [kóup]	他 **cope with ～** ～にうまく対処する
175 ☑	**problem** [prάbləm | prɔ́b-]	名 問題，課題
176 ☑	**sink** [síŋk]	自 沈む 他 を沈める 名 （台所などの）流し，シンク

When you | have to cope ..., | you're ... going to sink | or | you're going to swim.
　　S'　　　　V'　　　　　　S　　　　　V　　　　　　　　S　　　　V

• be going to ... は「…することになっている；…するつもりだ」の意。either A or B は「A か B のどちらか」。

It takes courage to recognize the real as opposed to the convenient.

都合のよいことではなく現実を認めるには勇気が必要です。

Judi Dench 1934- イギリスの女優

177 ☑	**courage** [kə́:ridʒ | kʌ́r-]	名 勇気，度胸
	派 **courageous**	形 勇敢な，勇気のある
178 ☑	**recognize** [rékəgnàiz]	他 （事実・価値など）を認める；を識別する
	派 **recognition**	名 認識；承認
179 ☑	**convenient** [kənví:njənt]	形 都合のよい，便利な
	派 **convenience**	名 便利さ，好都合

It takes courage to ....
S　　V　　　O

• 〈the ＋形容詞〉は「～なもの」を表す名詞となる。the real は「現実」，the convenient は「都合のよいこと」の意。as opposed to ～ は「～ではなく，～とは対照的に」。

Pressure can burst a pipe, or pressure can make a diamond.

重圧がパイプを破裂させることもあるが，重圧がダイヤモンドを作ることもある。

Robert Horry　1970-　元バスケットボール選手

180 ☑	**pressure** [préʃər]	名 重圧；圧力
181 ☑	**burst** [bə́ːrst]	他 を破裂させる　自 破裂する 名 破裂，爆発；突発
182 ☑	**pipe** [páip]	名 パイプ，管

Pressure can burst a pipe, or pressure can make a diamond.
　　　S　　V　　　O　　　　　　S　　　V　　　O

- can は能力・可能を表す他，「…ということもあり得る」という理論上の可能性を表す。
- pressure でつぶれてしまう選手もいる一方で，pressure がかかることで硬く丈夫なダイヤモンドのように強くなる選手もいるということ。

External pressure seems to produce internal unity.

外的な圧力は，内部の結束を生むようである。

Kenneth Waltz　1924-2013　アメリカの国際政治学者

183 ☑	**external** [ikstə́ːrnl]	形 外的な，外部の
184 ☑	**produce** 動 [prədjúːs | -djúːs] 名 [prádjuːs | pródjuːs]	他 を生み出す，を生産する 名 農産物；成果
	派 **productive**	形 生産的な
185 ☑	**internal** [intə́ːrnl]	形 内部の
186 ☑	**unity** [júːnəti]	名 結束，統一性
	派 **unite**	他 を一体化する，を団結させる　自 団結する

External pressure seems to produce internal unity.
　　　　　S　　　　　　　V　　　　　　　O

With every episode of struggle, there is a learning opportunity.

どんな苦労のエピソードにも，学習のチャンスがある。

Richard M. Schulze　1941-　家電量販店 Best Buy の創業者

187	**episode** [épəsòud]	图 エピソード，出来事
188	**struggle** [strʌ́gl]	图 苦労；闘い 圓 奮闘する

<u>With ..., there is a</u> learning opportunity.
　　　　　V　　　 S

• ここでは with は関係・対象を表し，「〜に関して」の意。

Victory comes only after many struggles and countless defeats.

勝利は，多くの闘いや数えきれないほどの敗北の後にようやくやってくる。

Og Mandino　1923-1996　自己啓発書分野の著述家，講演家

189	**victory** [víktəri]	图 勝利
190	**countless** [káuntlis]	圈 数えきれないほどの，無数の
191	**defeat** [difíːt]	图 敗北 他 を破る

<u>Victory comes</u> only after ....
　 S　　　 V

• only after 〜 は「〜の後にようやく，〜の後に初めて」の意。

Poverty was the greatest motivating factor in my life.

僕の人生で，貧しさが最も強い動機付け要因だった。

Jimmy Dean　1928-2010　カントリーミュージック歌手

192 ☑	**poverty** [pávərti | pɔ́v-]	图 貧しさ，貧困
193 ☑	**factor** [fǽktər]	图 要因，要素

Poverty was the ... factor in my life.
　S　　V　　　　　C

• motivating factor は「動機付け要因」という心理学用語。

We rise to great heights by a winding staircase of small steps.

私たちは，小さなステップから成るらせん階段（を昇ること）によって，最高の高さまで昇っていくのです。

Francis Bacon　1561-1626　イギリスの哲学者

194 ☑	**height** [háit]	图 高さ，身長；高い所
195 ☑	**staircase** [stéərkèis]	图 （手すりなどを含めた）階段
196 ☑	参 **stair**	图〈通例複数形で〉階段
197 ☑	参 **upstairs**	副 階上で　形 階上の　图 上の階

We rise ....
　S　V

• winding staircase は「らせん階段」，step は「一段，一歩」の意。

It is easy to be brave from a safe distance.

安全な距離をとりながら勇敢でいることは容易だ。

Aesop　紀元前 619-564 頃　古代ギリシアの寓話作家

198 ☑	**brave** [bréiv]	形 勇敢な，勇ましい
199 ☑	**safe** [séif]	形 安全な；リスクの少ない
	派 **safely**	副 安全に，無事に
200 ☑	**distance** [dístəns]	名 距離；遠方

It is easy to be brave from a safe distance.
S V　C　　　　　　　真主語

• 文頭の It は形式主語で，本来の主語は to be brave 以下の内容。

Routine feeds the illusion of safety.

いつものやり方は，安全という錯覚を助長する。

Christopher Moore　1957-　アメリカのコミック作家

201 ☑	**routine** [ruːtíːn]	名 いつものやり方，日課
202 ☑	**feed** [fíːd]	他 に食べ物〔えさ・燃料〕を与える；を助長する 名 えさ
203 ☑	**illusion** [ilúːʒən]	名 錯覚；幻想
204 ☑	**safety** [séifti]	名 安全(性)，無事

Routine feeds the illusion of safety.
　 S 　　　 V 　　　　 O

• of safety は「安全という」の意。of は同格を表している。
• 主語の routine が，「(いつものやり方をしていれば) 安全だ」という錯覚を助長しているということ。

Some people don't like change, but you need to embrace change if the alternative is disaster.

変化を好まない人もいるが，もし代替案が悲惨なものなら，変化を受け入れる必要がある。

Elon Musk 1971- テスラモーターズの共同創業者

205 ☑	**embrace** [imbréis]	他 を受け入れる；を抱擁する
206 ☑	**alternative** [ɔːltə́ːrnətiv]	名 代替案；選択肢 形 代わりの
207 ☑	**disaster** [dizǽstər | -zɑ́:s-]	名 悲惨なもの；災害

Some people don't like change, but you need to embrace change
　　　S　　　　V　　　　O　　　　S　　V　　　　O

if the alternative is disaster.
　　　S'　　　V'　C'

• some people ... は「…という人もいる」の意。

The easy road is always under construction, so have an alternate route planned.

楽な道はいつも工事中です。だから，代替ルートを計画しなさい。

Jill Shalvis 1963- アメリカの小説家

208 ☑	**construction** [kənstrʌ́kʃən]	名 建設 **under construction** 工事中で
209 ☑	**alternate** 形 [ɔ́ltərnət | ɔːltéːn-]　動 [ɔ́ltərnèit]	形 代わりの；交互の 自 交互に起こる　他 を交互に行う
210 ☑	**route** [rúːt, ráut]	名 ルート，路線；手段

The easy road is ... under construction, so have an alternate route planned.
　　　S　　　V　　　　C　　　　　　　V　　　O　　　　C

• have ~ planned は「～を計画する〔させる〕」の意。

Father said conflict develops the character.

父は，葛藤が人格を成長させると言ったわ。

Zelda Fitzgerald　1900-1948　アメリカの小説家

211	**conflict** 名 [kánflikt | kɔ́n-]　動 [kənflíkt]	名 葛藤；対立，紛争 自 対立する
212	**develop** [divéləp]	他 を成長〔発達〕させる；を開発する 自 発達する
	派 **development**	名 発達；開発

Father said (that) .... 　　that 節内 conflict develops the character
　　S　　V　　O 　　　　　　　　　S'　　V'　　　O'

- 接続詞 that は省略されている。father には本来 my などがつくが，誰の父かが明らかな場合は省略されることがある。

Arrival at a new destination only occurs from leaving your current location.

新しい目的地への到着は，現在の場所から出発することによってのみ起こる。

Chris Hogan　1988-　アメリカンフットボール選手

213	**destination** [dèstənéiʃən]	名 目的地，行き先
214	**occur** [əkɔ́ːr]	自 起こる，生じる；心に浮かぶ
215	類 **arise**	自 起こる
216	**current** [kɔ́ːrənt | kʌ́r-]	形 現在の；流行している
	派 **currently**	副 現在のところ，目下
217	**location** [loukéiʃən, lə-]	名 場所，位置
	派 **locate**	他 の場所を見つける；を配置する

Arrival at a new destination only occurs from ....
　　　　　S　　　　　　　　　　V

- 新しい場所に辿り着くには，今いる場所を出るしかないということ。

The best decisions aren't made with your mind, but with your instinct.

最善の決断は，頭ではなく，本能で下されるんだ。

Lionel Messi　1987-　アルゼンチン生まれのサッカー選手

218 ☑	**decision** [disíʒən]	图 決断，決定 **make a decision**　決定する
	派 **decide**	他 を決める；と判断する　自 決める
219 ☑	**instinct** [ínstiŋkt]	图 本能，直観

The best decisions aren't made with ..., but with ....
　　　　S　　　　　　　V

- mind は「(感情に対し) 頭脳，知性，考え」の意。
- not A but B は「A ではなく B」の意。with your mind と with your instinct が A・B にあたる。

A hero is somebody who voluntarily walks into the unknown.

英雄とは，自分から未知へと足を踏み入れる人だ。

Tom Hanks　1956-　アメリカの俳優

220 ☑	**hero** [híːrou, hí- | híərou]	图 英雄，勇者；中心人物
221 ☑	**voluntarily** [vàləntéərəli, váləntèr- | vɔ́ləntər-]	副 自発的に
	派 **voluntary**	形 自発的な；無償の
	派 **volunteer**	图 ボランティア；志願者
222 ☑	**unknown** [ʌnnóun]	形 未知の，無名の

A hero is somebody [who voluntarily walks into the unknown].
　　S　V　　C　　　　[S]　　　　　[V]

- 〈the ＋形容詞〉は「〜なこと」を表す名詞となる。the unknown は「未知 (のこと)」の意。
- who voluntarily walks into the unknown は関係詞節で，somebody を説明している。

Giving yourself permission to lose guarantees a loss.

自分に負ける許可を与えることは，敗北を確実なものにする。

Pat Riley　1945-　アメリカのバスケットボール監督

223 ☑	**lose** [lúːz]	圓 負ける；損をする 他 を失う
224 ☑	**guarantee** [gæ̀rəntíː]	他 を確約する，を保証する 名 確約，保証
225 ☑	**loss** [lɔ́ːs | lɔ́s]	名 敗北；損失；喪失

Giving ... to lose guarantees a loss.
　　S　　　　　 V 　　　 O

• 動名詞句が主語。動名詞は 3 人称単数として扱うので，動詞 guarantee には 3 単現の s がつく。句内は giving(V) yourself(O) permission(O) の構造になっている。

Dreams will get you nowhere, a good kick in the pants will take you a long way.

夢はあなたに何ももたらさない。叱咤激励があなたを大きく進歩させるだろう。
（直訳：夢はあなたをどこにも連れていかない。ズボンへのキックがあなたを遠い所まで連れていくだろう。）

Baltasar Gracian　1601-1658　スペインの哲学者，神学者

226 ☑	**nowhere** [nóuʰwèər]	副 どこにも…ない **get** *one* **nowhere**　（人に）何ももたらさない
227 ☑	**pants** [pǽnts]	名 ズボン，パンツ **a kick in the pants**　叱咤激励；厳しい非難
228 ☑	参 **shirt**	名 シャツ，ワイシャツ
229 ☑	参 **skirt**	名 スカート

Dreams will get you nowhere, a good kick in the pants will take you ....
　　S　　　 V 　O 　　　　　　　　S　　　　　　　　 V 　　O

• 例外的に 2 つの節がコンマでつながれている。
• 〈get〔take〕O ＋場所〉は「O を～へ連れていく」の意。後半では come a long way（大きな進歩を遂げる），go a long way（大いに役立つ）などの成句が意識されていると思われる。

Being aware of your fear is smart. Overcoming it is the mark of a successful person.

自分の恐怖心に気づくことは賢明です。それを克服することが、成功者の印です。

Seth Godin　1960-　マーケティング分野の著述家

230 ☑	**be aware of ～**	～に気づいている
231 ☑	**mark** [máːrk]	图 印，目立った特徴；跡；記号 他 に印をつける
	派 **marker**	图 目印

Being aware of your fear is smart. Overcoming it is the mark ....
　　　　　S　　　　　　　V　　C　　　　S　　　　V　　C

• being aware of your fear と overcoming it は動名詞句で，それぞれの文の主語になっている。

Worry is the stomach's worst poison.

心配は胃にとって一番の毒である。

Alfred Nobel　1833-1896　スウェーデンの発明家

Close-up & Review アルフレッド・ノーベル p.34

232 ☑	**stomach** [stΛ́mək]	图 胃；腹
233 ☑	**poison** [pɔ́izn]	图 毒 他 に毒を盛る；を汚染する

Worry is the stomach's worst poison.
　S　V　　　　　C

• stomach's poison は「胃を毒す」ということ。所有格は，後に続く名詞が表す動作の意味上の目的語になることがある。ここでは poison（～に毒を盛る）の目的語が stomach（胃）という関係。

I'll always push the envelope. To me, the ultimate sin in life is to be boring. I don't play it safe.

私はいつだって限界を超えて頑張るつもり。私にとって，人生の究極の罪は退屈な人間でいることだから。安全策は取らないわ。

Cybill Shepherd　1950-　アメリカの女優，歌手

234	envelope [énvəlòup]	图 包み，封筒 **push the envelope**　限界を超えて頑張る ※ envelope の原義は「包むこと，包囲」で，囲んだ線やその範囲・限界なども意味する。push the envelope は「限界を押し広げる」ということ。
235	ultimate [ʌ́ltəmət]	形 究極の，最終的な
	派 **ultimately**	副 最終的に
236	sin [sín]	图 (道徳上の) 罪
237	boring [bɔ́:riŋ]	形 退屈な，うんざりさせる
	派 **bored**	形 (人が) 退屈した

I'll ... push the envelope. ... the ultimate sin in life is to be boring. I don't play it safe.
S　V　　　　O　　　　　　　　　S　　　　　V　C　　S　V　O

• play it safe は「安全策を取る，安全第一でいく」の意。

> There are two primary choices in life: to accept conditions as they exist, or accept the responsibility for changing them.
>
> 人生には2つの主要な選択があります。つまり、あるがままに状況を受け入れること、あるいはそれらを変える責任を受け入れることです。
>
> Denis Waitley　1933-　自己啓発分野の講演家，著述家

2
困難・挑戦

238	**primary** [práimeri | -məri]	形 主要な，第一の
239	**accept** [æksépt, ək-]	他 を受け入れる；を受け取る
	派 **acceptable**	形 受け入れられる，許容できる
	派 **acceptance**	名 容認；受領
240	**condition** [kəndíʃən]	名〈通例複数形で〉状況；状態，体調；条件
241	類 **circumstance**	名〈通例複数形で〉状況，事情
242	**exist** [igzíst]	自 ある，存在する
243	**responsibility** [rispὰnsəbíləti | -spɔ̀n-]	名 責任，責務 **responsibility for ～**　～に対する責任
	派 **responsible**	形 責任がある **be responsible for ～**　～に責任がある

There are <u>two primary choices</u> in life: to accept ..., or (to) accept ....
　　V　　　　S

- to accept 以下は名詞の役割をする to 不定詞。2つ目の accept の前の to は省略されている。
- as they exist は「それら（状況）があるがままに」の意。

55

The big companies are like steel and activists are like heat. Activists soften the steel, and then I can bend it into pretty grillwork and make reforms.

大企業ははがねのようで，活動家は熱のようです。活動家ははがねを柔らかくします。そしたら次は，私がそれを素敵な格子状の細工に曲げて改良します。

Temple Grandin　1947-　アメリカの動物学者

Close-up & Review　テンプル・グランディン p.58

244 ☑	**steel** [stíːl]	图 はがね，鋼鉄
245 ☑	**activist** [ǽktəvist]	图 活動家
246 ☑	**heat** [híːt]	图 熱，熱さ〔暑さ〕
247 ☑	**bend** [bénd]	他 を曲げる 自 曲がる
248 ☑	**reform** [rifɔ́ːrm]	图 改革，改良 他 を改革する，を改良する

The big companies are like steel and activists are like heat.
　　　　　　　S　　　　　V　　C　　　　　S　　　V　　C
Activists soften the steel, and then I can bend it ... and make reforms.
　　S　　　V　　　O　　　　　　　　S　　V　　O　　　　V　　O

• soften は「～を柔らかくする」の意。grillwork は「装飾的な格子状の細工」を指す。

Live with a peaceful heart; cultivate a warrior's spirit.

安らかな心で生きろ。戦士の精神を高めよ。

Dan Millman 1946- アメリカの自己啓発分野の作家

249 ☑	**peaceful** [píːsfəl]	形 穏やかな；平和な
派	**peacefully**	副 安らかに；平和(的)に
250 ☑	**cultivate** [kʌ́ltəvèit]	他 をみがく，を高める；を耕す
251 ☑	**warrior** [wɔ́ːriər | wɔ́riə]	名 戦士

Live with a peaceful heart; cultivate a warrior's spirit.
　V　　　　　　　　　　V　　　　O

Temple Grandin
（テンプル・グランディン）

1947-　アメリカの動物学者

1　　Temple Grandin is one of the world's most recognized scientists.
178

She is remarkable not just for her knowledge, but for the fact that
961　　　　　　　　　　　　　1057

she is a leading expert in two different areas of research. Perhaps
1113　　　　625　　　　　　1029　　　135

more amazing is that her own experiences helped her to see a
519　　　　　　　　　　1068

5　unique path towards breakthroughs in research on both autism and
624　　　　　　　　　　　　　　1029

the seemingly unrelated field of animal welfare.
1189

　　Diagnosed as autistic at a young age, she didn't speak until she

was around four years old. Through the strong support of her
463

mother, she struggled through bullying at school. Eventually, she
188　　　　　　　　　　　　　509

10　received a doctoral degree in animal science and worked as a
1077　　　　　　557　　　　　　1128

consultant for farming companies all over the world. She says that
1209　　　　501

her experience with autism helps her to think not in language but in
1068

pictures. This ability helps her to understand how animals feel and
082

think. Her focus on reducing stress for beef cattle has led to
048　　　　532　　　161　　　　　　　　705

15　products used by farmers globally.
460　　　　　　1209　　　043

　　Moreover, as a scientist with firsthand experience of autism, she
1068

has been able to communicate how it feels to be very sensitive to
955　　1193

noise, bright light or new environments. Her talks and books have
516　　　　677

brought understanding and comfort to many parents struggling to
706　　　　　630　　　　　　　　188

20　bring up an autistic child.

People are always looking for the single magic bullet that will totally change everything. There is no single magic bullet.

人は常に，すべてをがらっと変えるたった1つの特効薬を探しています。でも，たった1つの特効薬など存在しないのです。

❧❧❧❧❧❧❧❧❧❧❧❧

　テンプル・グランディンは，世界で最も認められた科学者の1人です。彼女は，その知識だけでなく，2つの異なる研究分野の第一人者であるという事実においても注目に値します。おそらく，それよりもさらに驚くべきことは，彼女自身の経験が，自閉症と，それとは一見無関係の動物福祉分野の両研究における重大な発見につながる独自の道筋を見出す上で役立ったということです。

　幼い頃に自閉症と診断され，彼女は4歳頃まで発話しませんでした。母親の力強いサポートを受けながら，彼女は学校でのいじめに苦しみながらも前に進みました。最終的に，彼女は動物科学の分野で博士号を取得し，世界各地の畜産会社でコンサルタントとして働くこととなりました。彼女は，自身の自閉症の経験が，言葉で思考するのではなく，絵で思考する上でも役立っていると言います。この能力は，彼女が動物がどのように感じ考えているのかを理解する上でも役立っているのです。彼女が，肉牛のストレス軽減に注目したことは，世界中で畜産家に使用される製品に結実しました。

　さらには，自閉症をじかに経験している科学者として，彼女は，雑音，まぶしい光，あるいは慣れない環境に非常に敏感であるということが，どのような感じなのかを人々に伝えることに成功しています。彼女の講演や著書は，自閉症の子どもを育てるのに奮闘している多くの親たちに，理解と安らぎを与えています。

→テンプル・グランディンの名言 p.56

語句・表現

ℓ.4, 12, 13 help O (to) ... 「(主語が) O が…するのに役立つ」

ℓ.5 breakthrough「重大な発見」　*ℓ.5, 12, 16* autism「自閉症」

ℓ.7, 20 autistic「自閉症の (人)」

ℓ.10 doctoral「博士の，博士号の」

ℓ.16 firsthand「じかの，直接の」

ℓ.18 ～ 19 bring A to B「A を B にもたらす」

　本文中では have brought と現在完了形で用いられている。

Close-up & Review　重要語句

　　テンプル・グランディンは，「物事を視覚的に捉える」という独特の思考を動物科学の分野に応用しました。動物たちが世界をどのように捉えているのかを研究することで，動物たちのストレスを軽減し，人道的な食肉加工の在り方を追究しました。彼女は *Thinking in Pictures* など多数の本を著している他，自身の出演した TED Talks や彼女の半生を描いた映画も公開されていますので，興味のある方はご覧になってみてください。

　　さて，このページではテンプル・グランディンのコラムに登場した次の語句を押さえましょう。

252	**path** [pǽθ | pá:θ]	图 道筋，進路；小道
253	**toward** [tɔ́ːrd | təwɔ́ːd]	前 〜に向かって，〜の方へ；〜に対する ※〈英〉では towards と s がつく。
254	**unrelated** [ʌ̀nriléitid]	形 無関係の；親族でない
255	反 **related**	形 関係のある；親族の
256	**diagnose** [dáiəgnòus, -nòuz]	他 を診断する　自 診断する **diagnose A as B**　A を B と診断する
257	**bullying** [búliiŋ]	图 いじめ
	派 **bully**	他 をいじめる
258	**beef** [bíːf]	图 牛肉
259	**cattle** [kǽtl]	图 〈集合的に〉畜牛 **beef cattle**　肉牛 **dairy cattle**　乳牛
260	**moreover** [mɔːróuvər]	副 さらに，その上
261	**sensitive** [sénsətiv]	形 敏感な；傷つきやすい
262	**bring up 〜**	（子ども）を育てる

Chapter 3

発想・アイディア

Inspiration /
Ideas

Ordinary people think merely of spending time, great people think of using it.

平凡な人々はただ時間を過ごすことだけを考える。偉大な人々は時間を使うことを考える。

Arthur Schopenhauer　1788-1860　ドイツの哲学者

263	**ordinary** [ɔ́ːrdənèri | ɔ́ːrdənəri]	形 平凡な，ありふれた；普通の
	派 **extraordinary**	形 非凡な，並外れた；驚くべき
264	**merely** [míərli]	副 単に…にすぎない

Ordinary people think ..., great people think ....
　　　　　　S　　　 V　　　 　　　　 S　　　　V

- S think of ...ing「…することを考える」の繰り返しで凡人と偉人を対比している。例外的に，2つの節がコンマでつながれている。

Curiosity is one of the most permanent and certain characteristics of a vigorous intellect.

好奇心は，精力的な知性の最も永続的で確かな特性の1つである。

Samuel Johnson　1709-1784　文学者，『英語辞典』の編集者

265	**permanent** [pə́ːrmənənt]	形 永続する；永久の
	派 **permanently**	副 永久に
266	**certain** [sə́ːrtn]	形 確実な；確信して
	派 **certainly**	副 確かに；もちろん
267	**characteristic** [kæ̀riktərístik]	名〈通例複数形で〉特質，特徴 形 特有の
268	類 **feature**	名 特色；目玉商品　他 を特集する
269	**vigorous** [vígərəs]	形 精力的な；力強い

Curiosity is one of ... characteristics ....
　　　　　S　　V　　　　　　　C

When you're inspired, you attract abundance from that which you originated.

インスピレーションを受けると，自分が生み出したものから多くのものを引き寄せる。

Wayne W. Dyer　1940-2015　アメリカの著述家

270 ☑	**inspire** [inspáiər]	他 に着想を与える；を鼓舞する
271 ☑	**attract** [ətrǽkt]	他 を引き寄せる；を魅了する
派	**attractive**	形 魅力的な
派	**attraction**	名 魅力；魅力的なもの
272 ☑	**abundance** [əbʌ́ndəns]	名 大量，豊富
派	**abundant**	形 大量の，豊富な

When you're inspired, you attract abundance from that [which you originated].
　　S'　　V'　　　S　　V　　　O　　　　　　　　[O] [S]　　[V]

• この that は the thing と同義。which you originated（自分が生み出した）が that（もの）を修飾している。

Action always generates inspiration. Inspiration seldom generates action.

行動は常にひらめきを生み出すが，ひらめきはめったに行動を生み出しはしない。

Frank Tibolt　1897-1989　アメリカの著述家

273 ☑	**generate** [dʒénərèit]	他 を生み出す，を創出する
274 ☑	**inspiration** [ìnspəréiʃən]	名 ひらめき；名案
275 ☑	**seldom** [séldəm]	副 めったに…ない，ほとんど…ない

Action always generates inspiration. Inspiration seldom generates action.
　S　　　　　V　　　　O　　　　　S　　　　　　V　　　　O

• 2つの文の主語と目的語を入れ替え，頻度を表す副詞を対比的に加えることで，行動とひらめきの関係を述べている。ひらめきを得るには，まず行動することが大事だということ。

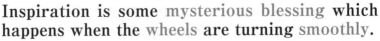

> **Inspiration is some mysterious blessing which happens when the wheels are turning smoothly.**
> ひらめきとは，車輪がなめらかに回っているときに生じる不思議な天の恵みである。

Quentin Blake　1932-　イギリスの児童文学作家

276	**mysterious** [mistíəriəs]	形 不思議な，不可解な
	派 **mystery**	名 謎
277	**blessing** [blésiŋ]	名 天の恵み，神の加護
278	**wheel** [hwíːl]	名 車輪；（自動車の）ハンドル
279	参 **wheelchair**	名 車椅子
280	**smoothly** [smúːðli]	副 なめらかに；順調に

Inspiration is ... blessing [which happens when the wheels are turning ...].
　　S　V　　C　　　[S]　　[V]　　　　　[S']　　　[V']
- which 以下は blessing を修飾する関係詞節。when 以降はその節内で，時を表す副詞節の役割をしている。

> **Inspiration strikes at very funny times.**
> インスピレーションって，とってもおかしいときに頭に浮かぶの。

Gillian Jacobs　1982-　アメリカの女優

281	**strike** [stráik]	自 （考えが）頭に浮かぶ；（悪い出来事が）襲う 他 を襲う；を〔に〕ぶつける
282	**funny** [fʌ́ni]	形 おかしい；奇妙な

Inspiration strikes at very funny times.
　　S　　　V

The urge of destruction is also a creative urge!

破壊の衝動は，創造的な衝動でもあるのだ！

Mikhail Bakunin　1814-1876　ロシアの思想家，無政府主義者

283 ☑	**urge** [ə́ːrdʒ]	名 （…したいという）衝動 他 に強く勧める
284 ☑	**destruction** [distrʌ́kʃən]	名 破壊
	派 **destroy**	他 を破壊する；を台無しにする
	派 **destructive**	形 破壊的な
285 ☑	**creative** [kriéitiv]	形 創造的な；独創的な

The urge of destruction is also a creative urge!
　　　S　　　　　　　　V　　　　　C

• creative urge の冠詞が a であることにも着目しよう。破壊の衝動が，いくつもある「創造的な衝動」のうちの 1 つであることを表している。

I don't really care what someone's background is; creativity can come from any background.

人の経歴がどんなものかなんてあまり気にしない。創造性はどんな経歴からだって生まれるから。

Jarvis Cocker　1963-　イギリスのロック・ミュージシャン

286 ☑	**care** [kéər]	他 を気にかける　自 関心がある 名 世話；注意
287 ☑	**background** [bǽkgràund]	名 経歴；背景
288 ☑	**creativity** [krìːeitívəti]	名 創造性，独創性

I don't ... care what someone's background is; creativity can come ....
S　　　　　　V　　what someone's background is; S　　　　　　V

• 前半の節は what 以下が care の目的語になっている。what 節は間接疑問で，what (C) someone's background (S) is (V) という構造。セミコロン（;）の後の節は，前半の理由を表している。

Creativity can be described as letting go of certainties.

創造性とは確実なことを手放すことだと説明することができるでしょう。

Gail Sheehy　1936-2020　作家，ジャーナリスト

289	**describe** [diskráib]	他 を説明〔描写〕する，の特徴を述べる
	派 **description**	图 記述，説明，描写
290	**certainty** [sə́ːɾtnti]	图 確実なこと，必然性

Creativity can be described ....
　　S　　　　　V

• let go of ～ は「～を手放す，～へのこだわりを捨てる」などの意味。

Making the complicated simple, awesomely simple, that's creativity.

複雑なことを単純に，極めて単純にすること，それこそが創造性だ。

Charles Mingus　1922-1979　アメリカのジャズ・ミュージシャン

291	**complicated** [kámpləkèitid｜kóm-]	形 複雑な，わかりにくい
292	類 **complex**	形 複合の，複雑な　图 複合施設
293	**simple** [símpl]	形 単純な，わかりやすい
	派 **simply**	副 ただ，単に

Making the complicated simple, ..., that's creativity.
　(V)　　　　(O)　　　　(C)　　S V　C

• 基本文型に当てはまらない構造であることに注意。Making the complicated simple が動名詞句で，それを that が受けている。
• the complicated は「複雑なこと」の意。ここでは make O C（O を C にする）の O にあたる。

66

All the secrets to success are found in failure.
Mistakes promote creativity.

成功の秘訣はすべて失敗の中に見つかる。間違いが創造性を促進するのだ。

Carl Pace Worthy　1947-　アメリカのビジネスコンサルタント

294 ☑	**secret** [síːkrit]	名 秘訣；秘密 形 秘密の
派	**secretly**	副 秘密に，内緒で
295 ☑	**promote** [prəmóut]	他 を促進する；を昇進させる
派	**promotion**	名 促進；昇進

All the secrets ... are found .... Mistakes promote creativity.
　　　S　　　　　　V　　　　　　S　　　　V　　　　O

• all the secrets の語順に注意。all は冠詞 the の前に置く。

The secret of genius is to carry the spirit of the
child into old age, which means never losing
your enthusiasm.

天才の秘密は，子どもの心を大人になっても持ち続けることである。それはつまり情熱を決して失わないということだ。

Aldous Huxley　1894-1963　イギリス生まれの著作家

296 ☑	**genius** [dʒíːnjəs]	名 天才；すぐれた才能
297 ☑	**spirit** [spírit]	名 心，精神
298 ☑	**enthusiasm** [inθúːziæzm | -θjú-]	名 情熱，熱中
派	**enthusiastic**	形 熱狂的な，熱意のある

The secret ... is to carry ... old age[, which means never losing ...].
　　S　　　V　　　C　　　　　　[S]　　[V]　　　　[O]

• which は関係代名詞の非制限用法で，直前の C 全体を受け，関係詞節内で主語の役割をしている。

Genius can only breathe freely in an atmosphere of freedom.

天才は自由な雰囲気の中でのみ，自由に息をすることができる。

John Stuart Mill　1806-1873　イギリスの哲学者

299	**breathe** [bríːð]	自 息をする，呼吸する 他 を吸う
	派 **breath**	名 息
300	**atmosphere** [ǽtməsfiɚ]	名 雰囲気；大気
301	**freedom** [fríːdəm]	名 自由

Genius can ... breathe freely ....
　S　　　　　V
• 自由な雰囲気がなければ，天才は自由に生きられないということ。

The richest source of creation is feeling, followed by a vision of its meaning.

創造の最も豊かな源は感情であり，その意味を見つめることが次に続きます。

Anais Nin　1903-1977　フランス生まれの作家

302	**source** [sɔ́ːrs]	名 源；〈通例複数形で〉情報源
303	**creation** [kriéiʃən]	名 創造；創造物
304	**vision** [víʒən]	名 見ること；視野，視力；未来像
305	**meaning** [míːniŋ]	名 意味，意義
	派 **meaningful**	形 有意義な；意味ありげな

The richest source of creation is feeling, ...
　　　　　S　　　　　　　V　　C
• followed by ～ は，コンマなどで区切り，前の内容を受けて「引き続いて～，さらに～が続く」という意味を表す。

The essence of profound insight is simplicity.

深い洞察の本質は，単純さである。

Jim Collins 1958- アメリカのビジネスコンサルタント

3

発想・アイディア

306	**essence** [ésns]	图 本質；最も重要なもの
307	**profound** [prəfáund]	形 奥深い；重大な

The essence of profound insight is simplicity.
　　S　　　　　　　　　 V 　　 C

Conceptions are artificial. Perceptions are essential.

理解は人工的なものである。知覚は本質的なものである。

Wallace Stevens 1879-1955 アメリカの詩人

308	**conception** [kənsépʃən]	图 理解；構想
	派 **concept**	图 概念
309	**artificial** [ὰːrtəfíʃəl]	形 人工的な；見せかけの
	派 **artificially**	副 人工的に
310	**perception** [pərsépʃən]	图 知覚；理解力
	派 **perceive**	他 を知覚する；を理解する
311	**essential** [isénʃəl]	形 本質的な；不可欠の

Conceptions are artificial. Perceptions are essential.
　　S　　　　 V　　 C　　　 S　　　　 V　　 C

Innovation distinguishes between a leader and a follower.

イノベーションは，率いる者と従う者を選別します。

Steve Jobs　1955-2011　Apple の共同創業者

312 innovation [ìnəvéiʃən]	图 革新；新しい手法
派 innovate	自 刷新する　他 を導入する
派 innovative	形 画期的な，革新的な
313 distinguish [distíŋgwiʃ]	自 識別する，相違を見分ける 他 を区別する
派 distinct	形 はっきりわかる；明らかに異なる
派 distinction	图 区別；相違点
314 follower [fálouər	fɔ́l-]	图 従者；支持者；(SNS の) フォロワー

Innovation distinguishes between a leader and a follower.
　S　　　　V

• 自動詞として distinguish between A and B（A と B の違いを見分ける），他動詞として distinguish A and〔from〕B（A と B とを区別する）のように使われることが多い。

I would trade all of my technology for an afternoon with Socrates.

ソクラテスと過ごす午後のひとときとなら，僕が持っている技術全部を交換するのに。

Steve Jobs　1955-2011　Apple の共同創業者

315 trade [tréid]	他 を交換する；を取引する trade A for B　A を B と交換する 自 貿易する　图 取引，貿易
派 trader	图 貿易業者，(株などの) トレーダー
316 technology [teknálədʒi	-nɔ́l-]	图 科学技術
317 参 technique	图 (専門的) 技術，技巧

I would trade all of my technology for an afternoon with Socrates.
S　　V　　　　O

• if 節はないが，実現の可能性がない願望を表す仮定法過去の文。

> ## Intelligent people discuss ideas. Fools discuss how people should behave.
>
> 聡明な人々はアイディアを議論する。愚かな人々はどうふるまうべきかを議論する。
>
> Paulo Coelho　1947-　ブラジルの小説家

318	**intelligent** [intélədʒənt]	形 聡明な，知能の高い
319	**discuss** [diskʌ́s]	他 を話し合う，を議論する
320	**fool** [fú:l]	名 ばか者，愚か者 他 をだます　自 おどける
321	**behave** [bihéiv]	自 ふるまう

Intelligent people discuss ideas. Fools discuss how people should behave.
　　　　　S　　　　　V　　　O　　　S　　　V　　　　　　O

- discuss は他動詞なので about などの前置詞は不要。
- 2文目は間接疑問で，how people(S) should behave(V) という名詞節が discuss の目的語となっている。

> ## All objects lose by too familiar a view.
>
> 見慣れ過ぎると，すべての物を見落としてしまう。
> （直訳：あまりになじみ深い眺めによって，すべての物が見失われる。）
>
> John Dryden　1631-1700　イングランドの詩人，劇作家

322	**object** [ábdʒikt | ɔ́b-]	名 物体；目的
323	**familiar** [fəmíljər]	形 なじみ深い；よく知っている **be familiar with ～**　～に精通している
324	**view** [vjú:]	名 眺め；見方；意見

All objects lose by too familiar a view.
　　S　　　V

- too（…過ぎる）が〈a+ 形容詞＋名詞〉の形容詞を修飾する場合，〈too ＋形容詞＋ a ＋名詞〉の語順となる。

Consider data without prejudice.

先入観を持たずにデータを検討せよ。

Thomas Edison　1847-1931　アメリカの発明家

325	**consider** [kənsídər]	他 を検討する，を考慮する
	派 **consideration**	名 考慮；考慮すべきこと
	派 **considerable**	形 かなりの，相当な
326	**data** [déitə, dǽtə	déitə]	名 データ，資料
327	**prejudice** [prédʒudis]	名 先入観，偏見

Consider data without prejudice.
　V　　　　O

It's only when the tide goes out that you discover who's been swimming naked.

潮が引いて初めて，今まで裸で泳いでいたのは誰なのかがわかる。

Warren Buffett　1930-　アメリカの投資家

328	**tide** [táid]	名 潮の干満；潮流；風潮 go out「（潮が）引く」⇔ come in「（潮が）満ちる」
329	類 **stream**	名 小川，流れ；動向
330	**discover** [diskʌ́vər]	他 に気づく；を発見する
331	**naked** [néikid]	形 裸の；むき出しの

Only when the tide goes out, you discover who's been swimming naked.
　　　　　S'　V'　　　S　　V　　　　　　O

- 強調構文 It's A that B.（B するのは A だ。）で when 節が強調されている。上の文構造は，通常の語順に戻した形。only when ... は「…して初めて」の意。
- 「投資の神様」と呼ばれるウォーレン・バフェットの言葉。市場全体が好調なときは誰もがすいすいと泳いでいるが，市場が不調になったとき（＝潮が引いたとき）に，その差が現れるということ。

> Some people hear their own inner voices with great clearness. And they live by what they hear. Such people become crazy... or they become legend.
>
> 自分の内なる声が非常にはっきりと聞こえる人たちがいる。彼らは自分が聞いたことに従って生きる。そのような人々は気が狂うか，あるいは伝説になるかだ。
>
> Jim Harrison　1937-2016　アメリカの詩人，小説家

332	**inner** [ínər]	形 内面の；内側の
333	反 **outer**	形 外面的な；外側の
334	**crazy** [kréizi]	形 正気でない，狂った；夢中で
335	**legend** [lédʒənd]	名 伝説；伝説的人物

Some people hear their ... voices .... And they live by [what they hear].
　　　S　　　V　　　　　O　　　　　　　　 S　V　　[O] [S] [V]
Such people become crazy... or they become legend.
　　　S　　　V　　　C　　　　 S　　V　　　C

- live by ～ は「（信条など）に従って生きる」という意味。by の目的語は関係代名詞 what に導かれる節で，what they hear で「彼らが聞いたこと」という意味。

> You know you've got to exercise your brain just like your muscles.
>
> 筋肉と同じように，脳みそも鍛えなきゃならないだろう？
>
> Will Rogers　1879-1935　アメリカのコメディアン

336	**exercise** [éksərsàiz]	他 を鍛える；を行使する　自 運動をする 名 運動；練習
337	**brain** [bréin]	名 脳；頭脳
338	**muscle** [mʌsl]	名 筋肉

You know (that) ....　　　that 節内 you've got to exercise your brain ...
　S　V　　O　　　　　　　　　　S'　　　　V'　　　　　O'

- have got to ... は have to ... と同じく「…しなければならない」という義務を表す。

Nonsense wakes up brain cells. And it helps develop a sense of humor, which is awfully important in this day and age.

ばかげた考えは脳の細胞を目覚めさせる。それは今日では非常に大切なものである，ユーモアのセンスを養うのに役立つ。

Dr. Seuss　1904-1991　アメリカの絵本作家

339 ☑	**nonsense** [nánsens | nɔ́nsəns]	图 ばかげた考え〔行為〕
340 ☑	**wake** [wéik]	他 を目覚めさせる　自 目を覚ます ※ wake up と up をつけて用いられることが多い。
	派 **awake**	形 目が覚めて，眠らずに
341 ☑	**cell** [sél]	图 細胞
342 ☑	**awfully** [ɔ́:fəli]	副 非常に，ひどく
	派 **awful**	形 不快な；ひどい；ものすごい

Nonsense wakes up brain cells. And it helps develop ...[, which is ... important ...].
　　S　　　V　　　O　　　　　S　　　V　　　O　　　　[S] [V]　　[C]

• 2文目の which 以下は関係代名詞の非制限用法で，a sense of humor に説明を付け加えている。

• help (to) ... は「…するのを助ける，…するのに役立つ」の意で，to は省略されることがある。in this day and age は「(昔ならともかく) 現在では，このご時世」の意。

The great regions of the mind correspond to the great regions of the brain.

心の大部分は，脳の大部分と対応している。

Paul Broca　1824-1880　医師，解剖学者

343 ☑	**region** [rí:dʒən]	图 (体の) 部位；地方，地域
344 ☑	**correspond** [kɔ̀:rəspánd | kɔ̀rəspɔ́nd]	自 対応する；一致する

The great regions of the mind correspond to ....
　　　　　　S　　　　　　　　　　　V

• 脳の言語中枢である「ブローカ野」はポール・ブローカの名に因む。

Labor gives birth to ideas.

労働がアイディアを生み出す。

Jim Rohn　1930-2009　成功哲学分野の著述家，講演家

345 ☑	**labor** [léibər]	图 労働；〈集合的に〉労働者
346 ☑	**birth** [béːrθ]	图 出生，誕生 **give birth to** ～　～を生み出す，～の原因となる

Labor gives birth to ideas.
　S　　　V　　　O

To invent, you need a good imagination and a pile of junk.

発明するためには，優れた想像力と，がらくたの山が必要だ。

Thomas Edison　1847-1931　アメリカの発明家

347 ☑	**invent** [invént]	他 を発明する
	派 **inventor**	图 発明家
348 ☑	**imagination** [imædʒənéiʃən]	图 想像力，想像
	派 **imaginary**	形 想像上の，仮想の
349 ☑	**pile** [páil]	图 （ものが積み上げられた）山 **a pile of** ～　～の山；山ほどの～

To invent, you need a good imagination and a pile of junk.
　　　　　　S　　V　　　　　　　　O

・invent は他動詞だが，ここでは目的語が省略され，自動詞のように使われている。

The goal of this presentation is to impress, rather than inform.

このプレゼンテーションの目的は，情報を伝えることよりもむしろ感動を与えることだ。

W. A. H. Rushton　1901-1980　イギリスの生理学者

350	**presentation** [prèzəntéiʃən, prìːzen-]	名 発表，プレゼンテーション
351	**impress** [imprés]	自 感動を与える 他 に感銘を与える
	派 **impression**	名 印象；感銘
	派 **impressive**	形 印象的な
352	**inform** [infɔ́ːrm]	自 情報を提供する 他 に知らせる　**inform A of B**　AにBを知らせる
	派 **informative**	形 情報に富む；有益な

The goal ... is to impress, ...
　　S　　　V　　C
• rather than ～ は「～というよりむしろ」の意。

In fashion, you know you have succeeded when there is an element of upset.

ファッションにおいては，いくらかの混乱があるときに成功を収めてきたでしょう？

Coco Chanel　1883-1971　フランスのファッションデザイナー

353	**fashion** [fǽʃən]	名 ファッション，流行
354	**element** [éləmənt]	名 要素，成分 **an element of ～**　いくらかの～
	派 **elementary**	形 初歩の；単純な
355	**upset** 形動 [ʌpsét] 名 [ʌ́psèt]	名 混乱，動揺　形 取り乱して 他 の心を乱す

... you know (that) ....　 that 節内 you have succeeded when there is an element ...
　　S　　V　　O　　　　　　　S'　　　V'　　　　　　　　　V"　　　S"
• you have succeeded 以下は know の目的語となる名詞節で，接続詞 that は省略されている。

76

You may be just as frustrated **by my generation's** approach **to** climate **change, or education. Be** impatient**. It will create the progress the world needs.**

あなた方は気候変動や教育に対する私たちの世代の取り組み方にもストレスをためているかもしれません。もどかしく感じてください。それが，世界が必要とする進歩を生み出すでしょう。

Sundar Pichai 1972- Google の CEO

Close-up & Review サンダー・ピチャイ p.104

356 ☑	**frustrated** [frʌ́streitid | frʌstréitid]	形 ストレスのたまった，いらいらしている
357 ☑	**approach** [əpróutʃ]	名 取り組み方，手法；接近 他 に近づく 自 近づく
358 ☑	**climate** [kláimit]	名 気候
359 ☑	**impatient** [impéiʃənt]	形 もどかしい，いらいらしている

You may be just as frustrated by .... Be impatient.
S   V   C   V   C
It will create the progress [(that) the world needs].
S   V   O   [O]   [S]   [V]

- 大学卒業生に向けたスピーチの一部。直前にテクノロジーに対するフラストレーションについて語っており，as frustrated は as ... as ～（～と同じくらい…）の後半の as ～を省略した形。
- 3 文目の the world needs は関係詞節で，progress を修飾している。関係代名詞 that は省略されている。

Grace Hopper
（グレース・ホッパー）

1906-1992　アメリカ海軍所属の計算機科学者

1　　Born in 1906, Grace Hopper was to become one of the greatest
contributors to our present-day high-tech society. After a short
career as a math professor, she joined the Navy, working on one
of the earliest computers, the Harvard Mark 1. From 1949, she helped
5　to develop UNIVAC, the first large computer for sale to businesses. It
was during this time that she had the idea for a new programming
language; one based on English.

　　At the time, computers were programmed in mathematical
symbols, which could only be written by mathematicians. Hopper
10　realized that a solution to this problem was necessary. Her ideas
were not accepted at first, but she continued her work, developing
the English-based compiler FLOW-MATIC in the 1950s. This evolved
to become COBOL, which became the most popular business
computer language of the time and is still used today.

15　　Hopper later continued her career with the Navy, contributing
to the development of networks and databases. She was one of the
first people to imagine computers would one day sit on a desk and
be used by everyone. Without her vision of simple computer
languages, we would not have some of technology we take for
20　granted today.

If it's a good idea, go ahead and do it. It's much easier to apologize than it is to get permission.

それがよいアイディアなら，思い切ってやってしまいなさい。許可を得るより，後で謝るほうがはるかに楽なんですから。

　1906 年に生まれたグレース・ホッパーは，のちに現代のハイテク社会への偉大な貢献者の 1 人となりました。数学教授としての短いキャリアの後，彼女は海軍に入隊し，最初期のコンピューターの 1 つである Harvard Mark 1（の開発）に取り組みました。1949 年以降は，最初の大型商用コンピューターである UNIVAC の開発を援助しました。彼女が英語をベースとした，新しいプログラミング言語のアイディアを思いついたのは，この時期でした。

　その当時，コンピューターは，数学的記号でプログラムされており，それを記述できるのは数学者だけでした。ホッパーは，この問題への解決策が必要だと感じていました。彼女の考えは当初受け入れられませんでしたが，彼女は研究を続け，1950年代に，英語をベースとしたコンパイラである FLOW-MATIC を開発しました。これが COBOL に進化し，当時最も有名な業務用コンピューター言語となり，今なお使用されています。

　ホッパーはその後，海軍での仕事を続け，ネットワークやデータベースの開発に貢献しました。彼女は，いつの日かコンピューターが机の上に置かれ，あらゆる人に使われるようになると最初に想像した人の 1 人でした。単純なコンピューター言語という彼女の構想がなければ，今日では当たり前になっている技術のいくつかは，存在することがなかったでしょう。

→グレース・ホッパーの名言 p.223

語句・表現
*ℓ.*2 present-day「今日の，現代の」　*ℓ.*5 for sale「売り物の」　*ℓ.*8 at the time「その当時は」
*ℓ.*12 compiler「コンパイラ」（注：人間にわかりやすく記述されたプログラミング言語を機械語に翻訳するプログラム）
*ℓ.*14 of the time「当時の」

文法
*ℓ.*3 working on ...　*ℓ.*11 developing ...　*ℓ.*15 〜 16 contributing to ...
すべて分詞構文。and she worked on〔developed, contributed to〕... と考えるとよい。
*ℓ.*13 〜 14, which became ...
関係代名詞の非制限用法。COBOL に補足説明を加えている。and it became ... と考えるとよい。

Close-up & Review　重要語句

♪ 031t

　グレース・ホッパーは，最初期のコンピューター開発で手腕を発揮しました。プログラムの欠陥を指す「バグ」という言葉を生み出したのも彼女だと言われています。ホッパーが海軍所属であったことからわかるように，当初は軍用技術としての側面が主でした。日本の学校教育においてもプログラミングが必修化されるなど，もはや私たちが生活していく上で欠かせないものとなったコンピューター技術ですが，その歴史を紐解いてみるのも面白いかもしれません。

　さて，このページではグレース・ホッパーのコラムに登場した次の語句を押さえましょう。

360	**contributor** [kəntríbjutər]	名 貢献者；寄稿者；誘因
361	**professor** [prəfésər]	名 教授
362	**navy** [néivi]	名 〈the Navy〉海軍
363	**programming** [próugræmiŋ]	名 プログラミング，プログラムの作成
364	**program** [próugræm]	他 をプログラムする；を組み込む 名 （コンピューター）プログラム；計画（表）
365	**mathematical** [mæ̀θəmǽtikəl]	形 数学の，数理的な
366	**mathematician** [mæ̀θəmətíʃən]	名 数学者
	派 **mathematics**	名 数学
367	**contribute** [kəntríbju:t]	自 寄与する，一因となる **contribute to ～**　～に貢献する 他 を寄付する；を寄稿する
368	**take ～ for granted**	～を当然のことと思う

Chapter 4

仕事

Work

4　仕事

名言♪ 032
単語♪ 032t

My fun is working on **a project and** solving the problems.

僕の楽しみは，企画に取り組むこと，そしてその問題を解決することだ。

Walt Disney　1901-1966　ディズニーの創業者

Close-up & Review　ウォルト・ディズニー p.126

369	**work on 〜**	〜に取り組む
370	**project** [prádʒekt | prɔ́dʒ-]	图 企画，計画；事業
371	**solve** [sálv | sɔ́lv]	他 を解決する，を解く
派	**solution**	图 解決，解決策

My fun is working on a project and solving the problems.
　S　V　　　C　　　　　　　　　C

Nothing is particularly **hard if you** divide **it into small jobs.**

（それを）小さな仕事に分ければ，特に大変なものなどない。

Henry Ford　1863-1947　フォード・モーター創業者

372	**particularly** [pərtíkjulərli]	副 特に，とりわけ
派	**particular**	形 特定の，特別の；詳細な
373	**divide** [diváid]	他 を分ける，を分割する
派	**division**	图 分割；部門

Nothing is ... hard if you divide it into small jobs.
　S　V　　C　 S'　V'　O'

• nothing は「何も…ない」という意味で，肯定文で否定の意味を表す。

82

Follow your heart, but check it with your head.

自分の心に従いなさい。でも，頭でもそれを確かめなさい。

Steve Jobs　1955-2011　Apple の共同創業者

374 ☑	**follow** [fálou | fɔ́l-]	他 に従う；に続く；を理解する 自 後に続く
	派 **following**	形 次の，下記の　名 下記のもの
375 ☑	**check** [tʃék]	他 を確かめる，を調べる 自 調べる

Follow your heart, but check it with your head.
　V　　O　　　　V　O

We have always believed that it's possible to make money without being evil.

私たちは，不道徳なことをしなくてもお金をもうけることが可能だと常に信じてきた。

Larry Page　1973-　Google の共同創業者

376 ☑	**possible** [pásəbl | pɔ́s-]	形 可能性のある，起こり得る
	派 **possibility**	名 可能性
	派 **possibly**	副 もしかしたら
377 ☑	**evil** [íːvəl]	形 不道徳な，邪悪な

We have ... believed that ....　　that 節内 it's possible to ...
S　　V　　　　O　　　　　　　　　 S'V'　C'

- that 節内の it は形式主語で，to make money without being evil が真主語。without ...ing は「…せずに，…しないで」の意。

The cost of stability is often diminished opportunities for growth.

安定の代償として，たいてい成長のためのチャンスが減ってしまいます。
（直訳：安定の代償は，たいてい減少した成長のためのチャンスです。）

Sheryl Sandberg　1969-　Facebook の COO

378	cost [kɔ́ːst | kɔ́st]	名 代償；費用 他 （金額・労力など）がかかる
	派 costly	形 犠牲の大きな；費用のかかる
379	stability [stəbíləti]	名 安定 (性)，不変 (性)
	派 stable	形 安定した；落ち着いた
380	diminish [dimíniʃ]	他 を減らす 自 減少する
381	growth [gróuθ]	名 成長，発展，増加
	派 grow	自 成長する，増大する　他 を育てる

The cost of stability is often diminished opportunities for growth.
　　S　　　　　V　　　　　　　C

• diminished opportunities は「減少させられた〔した〕チャンス」という意味。

Careers are a jungle gym, not a ladder.

キャリアは，ジャングルジムです。はしごではなくて。

Sheryl Sandberg　1969-　Facebook の COO

382	career [kəríər]	名 キャリア，経歴；出世
383	jungle [dʒʌ́ŋgl]	名 ジャングル；複雑に入り組んだもの jungle gym は「（遊具の）ジャングルジム」
384	ladder [lǽdər]	名 はしご；（出世への）階段

Careers are a jungle gym, not a ladder.
　　S　　　V　　　C

84

> # A professional is a man who can do his job when he doesn't feel like it.
>
> プロとは，やりたくなくても自分の務めを果たすことができる人のことである。
>
> James Agate　1877-1947　演劇評論家，作家

385	**professional** [prəféʃənl]	图 プロ，専門家 形 プロの，専門職の；職業の
	派 **profession**	图 職業，専門職
386	**feel like ～**	～をしたい（気がする）

A professional is a man [who can do his job when he doesn't feel like it].
　　S　　　　V　　C　　[S]　[V]　　[O]　　　　[S']　　　　[V']　　　[O']

• who can do his job ... は関係詞節で，man を説明している。

> # Work is a slice of your life. It's not the entire pizza.
>
> 仕事は生活の一片よ。ピザ（1枚）丸ごと全部ではないの。
>
> Jacquelyn Mitchard　1956-　小説家，ジャーナリスト

387	**slice** [sláis]	图 一切れ，1枚 **a slice of ～**　～の一切れ **a slice of life**　生活の一片，何気ない日常
388	**entire** [intáiər]	形 丸ごと全部の，全体の
	派 **entirely**	副 まったく，完全に

Work is a slice of your life. It's not the entire pizza.
　S　V　　C　　　　　　SV　　　C

The secret of joy in work is contained in one word — excellence.

仕事の喜びの秘密は，ある１つの言葉に含まれています ― 卓越です。

Pearl S. Buck　1892-1973　アメリカの小説家

389 ☑	**joy** [dʒɔ́i]	图 喜び，歓喜
390 ☑	**contain** [kəntéin]	他 を含む
391 ☑	**excellence** [éksələns]	图 卓越，優秀さ

The secret of joy in work is contained in ....
　　　　　　　S　　　　　　　　　V

Whatever we accomplish is due to the combined effort.

僕たちが成し遂げることは何でも，力を合わせたおかげなんだ。

Walt Disney　1901-1966　ディズニーの創業者

Close-up & Review ウォルト・ディズニー p.126

392 ☑	**whatever** [hwʌtévər, hwɑt-, hwɔt- | wɔt-]	代 …すること〔もの〕は何でも
393 ☑	**accomplish** [əkámpliʃ, əkʌ́m- | əkʌ́m-, əkɔ́m-]	他 を成し遂げる，を成就する
	派 **accomplishment**	图 業績；達成
394 ☑	**due to ～**	～のおかげで，～が原因で
395 ☑	参 **due**	形 （到着などの）予定で，（～の）はずで
396 ☑	**combine** [kəmbáin]	他 を組み合わせる 自 結びつく
397 ☑	**effort** [éfərt]	图 努力，取り組み the combined effort は「力を合わせること，一致団結」の意。

Whatever we accomplish is due to ....　主語の節 whatever we accomplish
　　　S　　　　　　　　V　　C　　　　　　　　　[O]　　[S]　　　[V]
• whatever S V で「S が…するものは何でも」という意味の名詞節となる。

Z会の通信教育

いつからでも始められます

TOEIC®対策

忙しい社会人も効率的にスコアアップ

最新情報は
こちらから▶

■TOEIC® テストAdaptie

最適ルートで目標達成するオンライン型講座

●アダプティブラーニングエンジンが、
　学習者の状況を分析し、弱点を補う問題を出題します
●本番形式の問題演習で実力を高めます
●1回3分から。スマホ対応で、スキマ時間を活用できます

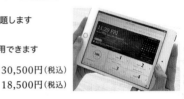

| サポート期間：1年間 | 30,500円（税込） |
| サポート期間：6カ月 | 18,500円（税込） |

■TOEIC® LISTENING AND READINGテスト 100UPシリーズ

文法・単語・攻略法をカリキュラムに沿って学習する講座

●目標スコアに応じた100点ごとの講座。ポイントを押さえたテキストと動画で効率よく学習。

TOEIC® LISTENING AND READINGテスト
400点突破 100UP トレーニング　**3カ月完成** 22,000円（税込）

500点突破 100UP トレーニング　**3カ月完成** 22,000円（税込）

600点突破 100UP トレーニング　**2カ月完成** 22,000円（税込）

700点突破 100UP トレーニング　**2カ月完成** 22,000円（税込）

800点突破 100UP トレーニング　**2カ月完成** 22,000円（税込）

●お得なパック講座もございます

500点突破 徹底トレーニング（400点+500点突破）　**6カ月完成** 39,600円（税込）

800点突破 徹底トレーニング（600点+700点+800点突破）　**6カ月完成** 49,500円（税込）

www.zkai.co.jp/ca/

The achievements of an organization are the results of the combined effort of each individual.

組織の功績は，各個人の一致団結した努力の結果である。

Vince Lombardi　1913-1970　アメリカンフットボールのコーチ

4
仕事

398 ☑	**organization** [ɔːrɡənizéiʃən | -nai-]	名 組織，団体
	派 **organize**	他 を整理する，を準備する
399 ☑	**result** [rizʌlt]	名 結果，成果
400 ☑	**individual** [ìndəvídʒuəl]	名 個人 形 個々の，個人の

The achievements of ... are the results of ....
　　　　　　S　　　　　V　　　　　C

You treat people with respect, they tend to return the favor to the company.

あなたが敬意を持って人に接すれば，その人たちは会社に恩を返してくれる傾向がある。　　　　　　　　　　　　　Larry Page　1973-　Google の共同創業者

401 ☑	**treat** [tríːt]	他 を扱う；を治療する
	派 **treatment**	名 取り扱い；治療
402 ☑	**respect** [rispékt]	名 敬意，尊敬 他 を尊敬する
403 ☑	**tend** [ténd]	自 傾向がある，進む **tend to ...** …する傾向がある
	派 **tendency**	名 傾向，風潮
404 ☑	**favor** [féivər]	名 親切，恩恵
	派 **favorite**	形 お気に入りの　名 お気に入りのもの

You treat people ..., they tend to ....
　S　V　　O　　　　　S　V

- if などの接続詞がなく，例外的にコンマで2つの節がつながれているが，前半と後半の節の内容から「敬意を持って人に接する。するとその人たちは…」という関係にあると解釈できる。

87

> ## Leadership **must be** demonstrated, **not** announced.
> リーダーシップは，行動で示されなければならない。（言葉で）表明されるのではなく。
>
> Fran Tarkenton　1940-　元アメリカンフットボール選手

405 ☑	**leadership** [líːdərʃip]	图 リーダーシップ，統率力
406 ☑	**demonstrate** [démənstrèit]	他 を実演する，を論証する
	派 **demonstration**	图 実演；デモ（行進）
407 ☑	**announce** [ənáuns]	他 を表明する，を公表する
	派 **announcement**	图 発表，公表

Leadership must be demonstrated, not announced.
　　S　　　　　　　　V

- demonstrate は「実際にやってみせる」「明確に示す」という意味合いを含む。

> ## Leadership is not a position or a title, it is action and example.
> リーダーシップは地位や肩書きではない。それは行動であり手本なのだ。
>
> Cory Booker　1969-　アメリカの政治家

408 ☑	**position** [pəzíʃən]	图 地位；立場；位置
409 ☑	類 **status**	图 地位；状態
410 ☑	**title** [táitl]	图 肩書き；タイトル
411 ☑	**example** [igzǽmpl	-zάːm-]	图 手本；例
412 ☑	類 **instance**	图 例

Leadership is not a position or a title, it is action and example.
　　S　　　V　　　C　　　　　C　S V　C　　　　　C

- 例外的に，2つの節がコンマでつながれている。

The quality of a leader is reflected in the standards they set for themselves.

リーダーの資質は，自分自身に設定する基準に反映される。

Ray Kroc　1902-1984　マクドナルドチェーンを展開

4

仕事

413 ☑	**reflect** [riflékt]	他 を反映する 自 反射する；熟考する
414 ☑	**standard** [stǽndərd]	名 基準，標準 形 標準の

The quality ... is reflected in the standards [(that) they set ...].
　　S　　　　　V　　　　　　　　　　　[O]　 [S] [V]

• they set for themselves は関係詞節で，standards を説明している。

Good guys are a dime a dozen, but an aggressive leader is priceless.

いいやつは，ありふれた人ってことさ。でも，野心的なリーダーはすごく価値があるんだ。

（直訳：いいやつは，10セントで1ダース買えるものってことだ。でも，野心的なリーダーは値段がつけられないほど価値があるんだ。）

Earl Blaik　1897-1989　アメリカンフットボール選手

415 ☑	**dozen** [dʌ́zn]	名 1ダース，12 (個) **a dime a dozen**　ありふれた人〔もの〕 dime は10セント硬貨。10セントで1ダース買えるほど安価なものを指す。
416 ☑	**aggressive** [əgrésiv]	形 野心的な，攻撃的な
417 ☑	**priceless** [práislis]	形 （値段がつけられないほど）価値がある

Good guys are a dime a dozen, but an ... leader is priceless.
　　S　　　V　　　　C　　　　　　　　　 S　　 V　　　C

Leaders are more powerful role models when they learn than when they teach.

リーダーは，教えるときよりも学ぶときのほうがより影響力のある模範なのです。

Rosabeth Moss Kanter　1943-　ハーバードビジネススクール教授

418	**powerful** [páuərfəl]	形 強力な，影響力のある
419	**role** [róul]	名 役割，役目
420	**model** [mádl | mɔ́dl]	名 模範；模型；型 形 模範的な

Leaders are ... role models when they learn than when they teach.
　S　 V　　　　C　　　　　　　S' 　V'　　　　　　S'　 V'

• role model は「模範的な人」の意。

I'd rather interview 50 people and not hire anyone than hire the wrong person.

不適切な人を雇うよりむしろ50人と面接して誰も雇わないほうがいい。

Jeff Bezos　1964-　Amazon の共同創業者

421	**rather** [rǽðər | rɑ́:ðə]	副 むしろ；かなり **would rather A than B**　B するよりむしろ A したほうがいい　※ A と B には動詞の原形が入る。
422	**interview** [íntərvjù:]	他 と面接する；に取材する　自 面接する 名 面接；インタビュー
	派 **interviewer**	名 面接官
423	**hire** [háiər]	他 を雇う；を賃借する 名 賃借
424	類 **employ**	他 を雇う

I'd ... interview 50 people and not hire anyone ....
S　　 V　　　　 O　　　　　　 V　　 O

> ## True influence drives action, not just awareness.
> 真の影響は，自覚を促すだけではなく，行動を駆り立てます。
>
> Jay Baer　1969-　企業戦略家，著述家

4

仕事

425 ☑	**influence** [ínfluəns]	名 影響，感化 他 に影響を与える
426 ☑	類 **impact**	名 影響；衝撃
427 ☑	**drive** [dráiv]	他 を駆り立てる；を運転する 自 運転する
428 ☑	**awareness** [əwéərnis]	名 自覚，認識

True influence drives action, not just awareness.
　S　　　　 V　　　 O

> ## Determine value apart from price; progress apart from activity; wealth apart from size.
> 価格とは別に価値を，活動とは別に進捗を，規模とは別に豊かさを見極めなさい。
>
> Charlie Munger　1924-　アメリカの投資家

429 ☑	**determine** [ditə́ːrmin]	他 を見極める；を決心する
430 ☑	**value** [vǽljuː]	名 価値，有用性
431 ☑	**apart** [əpáːrt]	副 別にして，切り離して；離れて
432 ☑	**price** [práis]	名 価格，相場；代償
433 ☑	**activity** [æktívəti]	名 活動；活気
	派 **active**	形 活動的な，積極的な
	派 **actively**	副 活発に，積極的に

Determine value ...; (determine) progress ...; (determine) wealth ....
　　 V　　　O　　　　　(V)　　　　O　　　　　(V)　　　 O

- 2つ目と3つ目の節の述語動詞 determine は省略されているが，determine ～ apart from ... (…とは切り離して～を見極める) が3回繰り返されている。

91

I believe that every right implies a responsibility; every opportunity, an obligation; every possession, a duty.

私は，いかなる権利も責任を，いかなる好機も責務を，いかなる所有も義務を必然的に伴うと考えている。

John Rockefeller 1839-1937 スタンダード・オイル社の創業者

434	**right** [ráit]	图 権利；正義；右(側)
		形 正しい；適切な；右の
435	**obligation** [àbləɡéiʃən | ɔ̀b-]	图 責務，義務
436	**possession** [pəzéʃən]	图 所有(物)，財産
	派 **possess**	他 を所有している
437	**duty** [d/úːti | djúː-]	图 義務，務め

I believe that ....   that 節内 every right implies a responsibility ...
S   V   O   S'   V'   O'

• imply はここでは「～を当然伴う」の意。セミコロンの後では implies がコンマに置き換えられている。本来は every opportunity implies an obligation; every possession implies a duty である。

> ## Whenever **people** agree with **me, I always feel I must be wrong.**
>
> 人々が私に同意するときはいつも，自分が間違っているに違いないという気がする。
>
> Oscar Wilde　1854-1900　アイルランド生まれの詩人，劇作家

438 ☑	**whenever** [hwènévər | wèn-]	接 …するときはいつも，…するたびに
439 ☑	**agree** [əgríː]	自 同意する，同意見である **agree with 〜**　〜に同意〔賛成〕する
派	**agreement**	名 同意，一致

Whenever people agree ..., I always feel I must be wrong.
　　　　　S'　　V'　　　S　　　V　　　O

- feel は「〜と思う，〜という感じがする」という意味で，think より控えめな表現。feel の目的語は I(S) must be(V) wrong(C) という構造。

> ## Discussion **is an** exchange **of knowledge;** argument **an** exchange **of** ignorance.
>
> 議論は知識の交換だが，論争は無知の交換である。
>
> Robert Quillen　1887-1948　アメリカのジャーナリスト

440 ☑	**discussion** [diskʌ́ʃən]	名 議論，協議
441 ☑	**exchange** [ikstʃéindʒ]	名 交換；両替 他 を交換する　自 交換する
442 ☑	**argument** [áːrgjumənt]	名 論争；主張
派	**argue**	他 と主張する　自 議論する
443 ☑	**ignorance** [ígnərəns]	名 無知，無学
派	**ignorant**	形 無知な

Discussion is an exchange ...; argument (is) an exchange ....
　　S　　V　　　C　　　　　　S　　(V)　　　　C

- セミコロン（;）の後では is が省略されている。

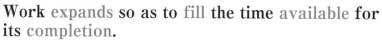

Work expands so as to fill the time available for its completion.

仕事は，その完成のために利用できる時間を埋めようと膨らむ。

C. Northcote Parkinson　1909-1993　イギリスの歴史家，著述家

444	**expand** [ikspǽnd]	自 膨らむ，拡大する
		他 を拡大する，を発展させる
	派 **expansion**	名 拡大，発展
445	**fill** [fíl]	他 を埋める，を満たす
		自 満ちる，いっぱいになる
446	**available** [əvéiləbl]	形 利用できる，空いている
447	**completion** [kəmplíːʃən]	名 完成，完了

Work expands ....
　S　　V

- so as to ...（…するために，…するように）は副詞の役割をする to 不定詞で，目的を表す。

The most precious resource we have is time.

私たちが持っている最も貴重な資源は，時間です。

Steve Jobs　1955-2011　Apple の共同創業者

| 448 | **precious** [préʃəs] | 形 貴重な；高価な；大切な |
| 449 | **resource** [ríːsɔːrs \| rizɔ́ːs] | 名 資源；財源 |

The most precious resource [(that) we have] is time.
　　　　　　S　　　　　　　　[O] [S] [V] V C

- we have は関係詞節で，resource を修飾している。関係代名詞 that は省略されている。

Don't get buried in the thick of thin things.

薄っぺらいことの真っ只中に埋もれるな。

Stephen R. Covey　1932-2012　経営コンサルタント，著述家

450	**bury** [béri]	他 を埋める，を隠す **get buried in ～** ～に埋もれる
451	**thick** [θík]	名 〈通例 the ～で〉最中，最も密な部分 形 厚い，密な
452	**thin** [θín]	形 薄っぺらい，薄い

Don't get buried in ....
　　　　　　　V

• in the thick of things は「物事の真っ最中に」という意味。文脈によって「一番盛り上がっている〔活発な〕とき」あるいは「一番危険なとき」などを表す。この表現に thin が加わっている。

The key is not to prioritize what's on your schedule, but to schedule your priorities.

秘訣は，スケジュール表にあることを優先するのではなく，優先事項を予定に入れることだ。

Stephen R. Covey　1932-2012　経営コンサルタント，著述家

453	**schedule** [skédʒuːl | ʃédjuːl]	名 スケジュール，予定 (表) 他 を予定に入れる **be scheduled to ...** …する予定である
454	**priority** [praióːrəti | -ór-]	名 優先事項
派	**prior**	形 優先的な；前の　**prior to ～** ～に先立って

The key is not to prioritize ..., but to schedule your priorities.
　　S　　V　　　　　　C　　　　　　　　C

• not A but B（A ではなく B）を使った文。what(S) 's(V) on your schedule は関係詞節で，prioritize（～を優先する；～に優先順位をつける）の目的語。

4

仕事

In the factory we make cosmetics; in the
drugstore we sell hope.

私たちは工場で化粧品を作り，ドラッグストアで希望を売るのです。

Charles Revson　1906-1975　化粧品会社レブロンの共同創業者

455	**factory** [fǽktəri]	图 工場，製造所
456	**cosmetic** [kɑzmétik | kɔz-]	图 〈通例複数形で〉化粧品 形 化粧の，美容の
457	**drugstore** [drʌ́gstɔ̀ːr]	图 ドラッグストア，（薬の販売を含む）雑貨店
458	参 **drug**	图 医薬品；麻薬

In the factory we make cosmetics; in the drugstore we sell hope.
　　　　　　 S　V　　O　　　　　　　　　　 S　V　O

• いずれの節でも，副詞句〈in＋場所〉が文頭へ来ている。

If you design a really great product, then you
don't need service and support.

本当に素晴らしい製品をデザインすれば，サービスやサポートは必要ありません。

Debi Coleman　1953-　アメリカの実業家

459	**design** [dizáin]	他 をデザインする，を設計する 自 デザインする 图 デザイン，設計
	派 **designer**	图 デザイナー
460	**product** [prʌ́dʌkt | prɔ́d-]	图 製品
461	参 **item**	图 品物，品目；項目
462	**service** [sə́ːrvis]	图 サービス；業務；公共事業
463	**support** [səpɔ́ːrt]	图 サポート，支援 他 を支援する，を支持する
	派 **supporter**	图 支援者

If you design ... product, then you don't need service and support.
　　 S'　V'　　 O'　　　　　 S　　 V　　　　 O

Design is the first signal of human intention.

デザインは，人間の意図（するもの）を表す最初のしるしなのです。

William McDonough　1951-　アメリカの建築家

464 ☑	**signal** [sígnəl]	图 しるし，兆候；合図 他 に合図する　自 合図する
465 ☑	**intention** [inténʃən]	图 意図，狙い
派	**intend**	他 を意図する **intend to ...** …するつもりである

Design is the first signal of human intention.
　S　　V　　　　　C

•ウィリアム・マクダナーは，環境に配慮した持続可能なデザイン・建築の在り方として，Cradle to Cradle（ゆりかごからゆりかごへ）という概念を提唱している。

A great ad campaign will make a bad product fail faster.

素晴らしい広告キャンペーンは，粗悪な製品をより早く失敗させるだろう。

Bill Bernbach　1911-1982　アメリカのコピーライター

| 466 ☑ | **ad**
[ǽd] | 图 広告（advertisement の省略形） |
| 467 ☑ | **campaign**
[kæmpéin] | 图 キャンペーン，組織的活動；選挙運動 |

A great ad campaign will make a bad product fail ....
　　　　　S　　　　　V　　　　O　　　　　C

•〈make O ＋動詞の原形〉は「O に…させる」という意味。

•この名言は It will get more people to know it's bad.（より多くの人にそれが粗悪だと知らせることになるのだから。）と続く。広告はその製品の本質を伝えるものであり，実態の伴わないものをよく見せることはできない。

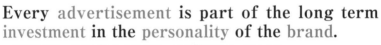

> **Every** advertisement **is part of the long term investment in the** personality **of the** brand.
>
> どの広告も，そのブランドの個性への長期投資の一環である。
>
> David Ogilvy　1911-1999　イギリスの広告会社社長

468 ☑	**advertisement** [ædvərtáizmənt, ædvə́ːrtis- | ədvə́ːtis-]	名 広告
	派 **advertise**	他 を宣伝する，を広告する　自 宣伝する
469 ☑	**investment** [invéstmənt]	名 投資，出資（金）
470 ☑	**personality** [pə̀ːrsənǽləti]	名 個性，人柄
	派 **personal**	形 個人の，個人に関する
	派 **personally**	副 個人的に；自分で
471 ☑	**brand** [brǽnd]	名 ブランド，銘柄

Every advertisement is part of ....
　　　S　　　　　　V　　C

> Branding **is simply a more** efficient **way to sell things.**
>
> ブランド戦略は，単にものを売るためのより効率的な方法である。
>
> Al Ries　1926-　マーケティング戦略家

472 ☑	**branding** [brǽndiŋ]	名 ブランド戦略
473 ☑	**efficient** [ifíʃənt, ə-]	形 効率的な；手際のよい
	派 **efficiently**	副 効率的に，てきぱきと
	派 **efficiency**	名 効率（性）

Branding is ... a more efficient way to sell things.
　　S　V　　　　　　C

• to sell things は形容詞の役割をする to 不定詞で，way を説明している。

Copy is a direct conversation with the consumer.

広告文は，消費者との直接の会話である。

Shirley Polykoff　1908-1998　アメリカの広告クリエイター

474 ☑	**direct** [dirékt, dai-]	形 直接の；率直な　副 真っすぐに 他 を向ける；を指揮する
	派 **directly**	副 じかに，真っすぐに
475 ☑	**consumer** [kənsú:mɚ | -sjú:m-]	名 消費者
	派 **consume**	他 を消費する
	派 **consumption**	名 消費量；購買（行動）

Copy is a direct conversation with ....
　S　V　　　　　　　　　　　　C
• ここでは copy は「広告文」の意。「キャッチコピー」は和製英語。

Website without visitors is like a ship lost in the horizon.

訪問者のいないウェブサイトは，水平線で迷子になった船のようだ。

Christopher Dayagdag　生年不詳　ウェブマーケティング会社社長

476 ☑	**website** [wébsàit]	名 ウェブサイト
477 ☑	参 **web**	名 ウェブ；クモの巣 ウェブ：インターネット上の情報を結びつけるシステム
478 ☑	参 **site**	名 場所，敷地
479 ☑	**visitor** [vízitɚ]	名 訪問者，来客
480 ☑	**lost** [lɔ́:st | lɔ́st]	形 迷子になった，見失った
481 ☑	類 **missing**	形 紛失した，見当たらない

Website without visitors is like a ship lost in the horizon.
　　　　　　S　　　　　　　　　　　V　　C

4

仕事

One of the things it was obvious you could do with an online store is have a much more complete selection.

オンライン・ストアでできることが明確なことの1つは，よりいっそう完璧な品ぞろえをすることだ。

Jeff Bezos 1964- Amazon の共同創業者

482	obvious [ábviəs | ɔ́b-]	形 明らかな，明白な
	派 obviously	副 明らかに；言うまでもなく
483	complete [kəmplíːt]	形 すべてがそろった；完全な
	派 completely	副 完全に，すっかり
484	selection [silékʃən]	名 品ぞろえ；選択
	派 select	他 を選ぶ 自 選ぶ 形 極上の

One of the things [... you could do with ...] is (to) have a ... selection.
S　　　　[S]　[V]　　　V　　　C

• 先行詞の things と関係詞節の you could do with an online store の間に，it was obvious が挿入されている。

The purpose of business is to create a customer.

企業の目的は，顧客を創造することである。

Peter Drucker 1909-2005 経営学者，マネジメントの父

485	purpose [pɔ́ːrpəs]	名 目的，意図
486	create [kriéit]	他 を創造する，を生み出す
	派 creature	名 生き物；創造物
487	customer [kʌ́stəmər]	名 顧客，取引先

The purpose of business is to create a customer.
S　　　　　　V　　　C

• 顧客1人1人に注目しているため，customer を複数ではなく単数で表している。
• create a customer は，新しい市場を創り出すということを意味している。

The most reliable way to anticipate the future is by understanding the present.

未来を予測する最も信頼できる方法は，現在を理解することだ。

John Naisbitt 1929-2021 アメリカの未来学者，著述家

488 ☑	**reliable** [riláiəbl]	形 信頼できる，頼もしい
489 ☑	**anticipate** [æntísəpèit]	他 を予期する；を楽しみに待つ 自 予測する
派	**anticipation**	名 予想，期待

The most reliable way ... is by understanding the present.
        S   V   C

- the future（未来），the present（現在）は，通例 the が必要。

My approach works not by making valid predictions but by allowing me to correct false ones.

私の手法は，妥当な予測をすることによってではなく，間違った予測を私が修正できるようにすることによってうまくいくのだ。

George Soros 1930- ハンガリー生まれの投資家

490 ☑	**valid** [vǽlid]	形 妥当な；有効な
派	**validity**	名 妥当性
491 ☑	**prediction** [pridíkʃən]	名 予測；予言
派	**predict**	他 を予測する；を予言する
492 ☑	**allow** [əláu]	他 を許す **allow O to ...** O が…するのを可能にする

My approach works not by ... but by ....
     S   V

- work は「（計画など）がうまくいく」の意。
- not A but B（A ではなく B）が使われている。A・B にあたるのは by ...ing（…することによって）。
- ones は predictions の代わりに使われている。

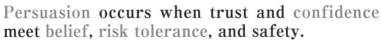

Persuasion occurs when trust and confidence meet belief, risk tolerance, and safety.

説得は，信頼と自信が，信念やリスク許容度，そして安全性に出会うときに起こります。

Jeffrey Gitomer　1946-　セールス分野の著述家，講演家

493	**persuasion** [pərswéiʒən]	名 説得 (力)
	派 **persuade**	他 を説得する，を納得させる
	派 **persuasive**	形 説得力のある
494	**confidence** [kánfədəns | kɔ́n-]	名 自信，信頼
495	参 **self-confidence**	名 自信
496	**belief** [bilíːf]	名 信念，確信
497	**risk** [rísk]	名 危険 (性)，リスク
498	**tolerance** [tálərəns | tɔ́l-]	名 許容，寛大さ ※ risk tolerance (リスク許容度) は，投資家が許容できるリスクの範囲のこと。
	派 **tolerant**	形 寛大な

Persuasion occurs when trust and confidence meet belief ... safety.
　　　S　　　　　V　　　　　　　　　　　S'　　　　V'　　　O'

Have patience. Stocks don't go up immediately.

辛抱強くいなさい。株はすぐには上がりません。

Walter Schloss　1916-2012　アメリカの投資家

499	**stock** [sták | stɔ́k]	名 株；在庫 他 を (在庫として) 置いている
500	**immediately** [imíːdiətli]	副 直ちに，すぐに；直接に

Have patience. Stocks don't go up immediately.
　V　　　O　　　　S　　　　V

• go up 「(価格，温度などが) 上がる」⇔ go down 「下がる」

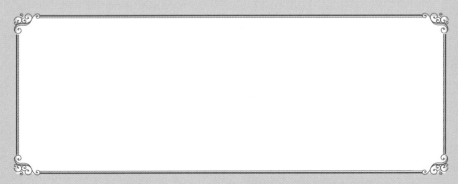

お気に入りの名言を書き込みましょう

Sundar Pichai
（サンダー・ピチャイ）

1972- Google の CEO

1　　Sundar Pichai is head of one of the world's richest and most recognizable companies. He is a shining example of just how far a person can rise from a humble background.
411　　　　　　　　　　　　　160　　　287

　　Born in Chennai, India, Pichai as a boy lived with his family in a
775

5　two-room apartment, sleeping in the living room with his brother. From an early age, he showed great academic ability. After
082

graduating university in India, he won an engineering scholarship to
1100　　　　　　　　　　　　　　　132　　　　1122

Stanford University. He is one of a wave of IT experts produced by
1113　　　184

Indian Institutes of Technology (IIT) as India has become a world

10　leader in IT education.
1076

　　He joined Google in 2004 and was soon in charge of many core Google products including Google Chrome. Pichai's reputation as a
460　　　783　　　　　　　　　　　　　　　053

manager spread throughout Silicon Valley, and he was once
097　　951

considered for CEO of Microsoft. However, he stayed at Google and
325　　　　　　　　　　　　　　123

15　was promoted to CEO in 2015 and finally to CEO of Alphabet,
295　　　　　　　　　　　664

Google's holding company, in 2019. Chosen as one of "The Most Influential People" of 2020 by Time Magazine, he is said to be kind and enjoyable to work with. Traveling to the United States to eventually become the top of a trillion-dollar company, Pichai truly

20　represents what it means to achieve the "American dream."
986　　　　　　　　　　　622

As a leader, it is important to not just see your own success but focus on the success of others.

リーダーとしては，自分自身の成功を見るだけでなく，他の人の成功に着目することが大切なんです。

～～～～～～～～～～～～～～～～～～～～～～～

サンダー・ピチャイは，世界で最も裕福で，最もよく知られている企業の1つを率いる人物です。彼は，貧しい生い立ちから人はいったいどのくらい出世できるのかを示した好例です。

インドのチェンナイで生まれ，ピチャイは少年時代，家族とともに2部屋のアパートに住み，弟と一緒にリビングで寝ていました。幼少期から，彼は優れた学問の能力を示していました。インドで大学を卒業後，彼は，スタンフォード大学に進学するための工学の奨学金を獲得しました。インドはIT教育において世界をリードしていますが，彼はインド工科大学（IIT）によって次々と生み出されているIT専門家のうちの1人です。

彼は，2004年にGoogleに入社し，まもなくGoogle Chromeを含む，多くの中核的なGoogle製品を担うことになりました。ピチャイのマネージャーとしての評判は，シリコンバレー中に広まり，一時はMicrosoftのCEOとして検討されていました。しかしながら，彼はグーグルに残り，2015年にCEOに昇進しました。そして2019年には，ついにGoogleの持ち株会社であるAlphabet社のCEOに昇進しました。タイム誌が選ぶ，「世界で最も影響力のある100人」2020年版の1人に選ばれた彼は，親切で一緒に仕事をして楽しい人物だと言われています。アメリカに渡り，最終的に1兆ドル企業のトップとなったことで，ピチャイはまさに，アメリカンドリームを実現するとはどういうことかを象徴しています。

→サンダー・ピチャイの名言 p.77

語句・表現

ℓ.2 recognizable「認識できる，見覚えがある」 ℓ.4 as a boy「少年時代」

ℓ.8 wave「急激な高まり」

文法

ℓ.2～3 how far a person can rise … how far（どのくらい）を使った間接疑問。

ℓ.5 sleeping in the living room … 分詞構文。and he slept … と考えるとよい。

ℓ.16 Chosen as … 過去分詞の分詞構文。He was chosen as … and ～ と考えるとよい。

ℓ.18～19 Traveling to the United States to eventually become …, 分詞構文と，結果を表す to不定詞の組み合わせ。「アメリカに渡り，…になった」ということ。

ℓ.20 what it means to …「…することが何を意味するのか〔どういうことか〕」

105

Close-up & Review　重要語句

♪ 043t

　　Chapter 3 の Close-up & Review に登場したホッパーがコンピューター技術の礎を築いた人物だとすれば，サンダー・ピチャイは最新の IT 業界をリードする人物です。彼の生まれたインドでは IT 技術が目覚ましい発展を遂げています。古代から数学が発達していたこと，カースト制度の影響，シリコンバレーとの時差が約 12 時間で，アメリカ―インド間で昼夜通した開発が可能となることなど，さまざまな要因が分析されています。しかし，彼自身の成功の裏には，周囲に信頼される人柄があったと言えるでしょう。

　　さて，このページではサンダー・ピチャイのコラムに登場した次の語句を押さえましょう。

501	**company** [kÁmpəni]	图 会社，企業；仲間
502	類 **corporation**	图 株式会社，（大）企業，法人
503	**humble** [hÁmbl]	形 貧しい；地位〔身分〕の低い；謙虚な
504	**apartment** [əpáːrtmənt]	图 アパート・マンション（の 1 室）
505	**academic** [æ̀kədémik]	形 学問の，大学の 图 大学の教員，研究員
506	**in charge of ～**	～を担当して，～を管理して
507	**core** [kɔ́ːr]	形 最も重要な，中核的な 图 中心部
508	**throughout** [θruːáut]	前 ～の至る所に；～の初めから終わりまで
509	**eventually** [ivéntʃuəli]	副 ついに，最後には

Chapter 5

人生

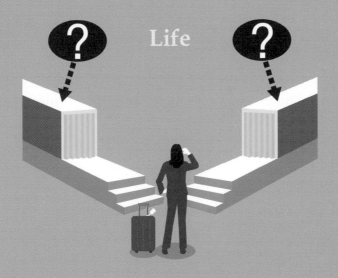

5　人生

名言♪ 044
単語♪ 044t

Everything significant in my life has happened gloriously and unexpectedly.

私の人生で重要なことはすべて，輝かしく，そして思いがけず起きました。

Audrey Hepburn　1929-1993　女優，ユニセフ親善大使

510	**significant** [signífikənt]	形 重要な，意義のある；（数量が）かなりの
	派 **significantly**	副 著しく；重要なことに
511	**happen** [hǽpən]	自 （偶然）起こる，生じる
512	**unexpectedly** [ʌnikspéktidli]	副 思いがけなく，突然に
	派 **unexpected**	形 思いがけない，予期しない

Everything significant in my life has happened gloriously and unexpectedly.
　　　　　　　　　S　　　　　　　　　　　V

- significant in my life は everything を修飾している。-thing, -body, -one で終わる代名詞を修飾する場合，形容詞は代名詞の後ろに置く。

A smile happens in a flash, but its memory can last a lifetime.

笑顔は一瞬の出来事だが，その記憶は生涯続くことがある。

Bertrand Russell　1872-1970　イギリスの哲学者，数学者，論理学者

513	**flash** [flǽʃ]	名 （一瞬の）きらめき；（カメラの）フラッシュ **in a flash** あっという間に 自 ぴかっと光る；ぱっと現れる
514	**lifetime** [láiftàim]	名 生涯；寿命

A smile happens in a flash, but its memory can last a lifetime.
　　S　　V　　　　　　　　　　　S　　　　　V

- last a lifetime は「生涯続く」の意。last は自動詞で，a lifetime は時を表す副詞のような働きをしている。

A smile costs less than electricity, but gives much light.

笑顔は電気よりお金がかかりませんが，多くの光を与えます。

Abbé Pierre　1912-2007　フランスの司祭

515	**electricity** [ilektrísəti]	图 電気
	派 **electric**	形 電気の；電動の
	派 **electrical**	形 電気に関する；電動の
516	**light** [láit]	图 光，電灯
	派 **lighting**	图 照明

A smile costs less than electricity, but gives much light.
　　S　　　V　　　　O　　　　　　　　　　 V　　　O

• 後ろの節の主語は，前の節の主語（A smile）と共通なため，省略されている。

Laughing is a medicine. It releases this amazing stuff.

笑うことは薬ね。それがこの素晴らしいもの（薬のような効果）を放出するの。

Melissa Etheridge　1961-　アメリカのミュージシャン

517	**medicine** [médəsin | médsin]	图 薬；医学
	派 **medical**	形 医学の，医療の
518	**release** [rilíːs]	他 を放出する；を解放する；を公開する 图 解放；公開
519	**amazing** [əméiziŋ]	形 素晴らしい，見事な；驚くべき
	派 **amaze**	他 をびっくりさせる
520	**stuff** [stʌ́f]	图 （漠然と）もの，こと 他 を詰める；を押し込む

Laughing is a medicine. It releases this amazing stuff.
　　S　　　V　　C　　S　　V　　　　　O

Laughter is timeless. Imagination has no age. And dreams are forever.

笑い声は時を超える。想像力に年齢はない。そして夢は永遠にある。

Walt Disney 1901-1966 ディズニーの創業者

Close-up & Review ウォルト・ディズニー p.126

521	**laughter** [lǽftər | láːf-]	图 笑い声，笑うこと
522	**forever** [fərévər]	副 永遠に，いつまでも

Laughter is timeless. Imagination has no age. And dreams are forever.
   S   V   C   S   V   O   S   V

Happiness, like youth and health, is rarely appreciated until it is past.

幸せは，若さや健康と同様，それが過去のことになるまで，ありがたく思われることはめったにない。

Marguerite Gardiner 1789-1849 アイルランドの著述家

523	**happiness** [hǽpinis]	图 幸せ，幸福
524	**health** [hélθ]	图 健康；健康状態
	派 **healthy**	形 健康な；健康によい
525	**rarely** [réərli]	副 めったに…ない
	派 **rare**	形 まれな，珍しい
526	**appreciate** [əpríːʃièit]	他 をありがたく思う；の価値を認める

Happiness, ..., is ... appreciated until it is past.
    S   V   S'V' C'

> **To be stupid, selfish, and have good health are three requirements for happiness, though if stupidity is lacking, all is lost.**
>
> 愚かであること，利己的であること，健康であることは幸福の3つの要件である。もっとも，愚かさが欠けていたらすべてが台無しなのだが。
>
> Gustave Flaubert　1821-1880　フランスの小説家

5

人生

527 ☑	**selfish** [sélfiʃ]	形 利己的な，わがままな
528 ☑	**requirement** [rikwáiərmənt]	名 要件；必要なもの
529 ☑	**though** [ðóu]	接 〈前の発言に一言添えて〉もっとも…なのだが；〈主節に反する内容を導いて〉…だけれども
530 ☑	**lacking** [lǽkiŋ]	形 不足している，欠けている
派	**lack**	他 を欠いている　名 不足

To be ... health are three requirements ..., though if stupidity is lacking, all is lost.
　　S　　　V　　　C　　　　　　　　　　　　　　　S"　V"　C"　S'　V'

- ここでの though は，主節に意見や事実を軽く付け足すための接続詞。
- though の中にさらに従属節（if 節）と主節（all is lost）がある。

When one's expectations are reduced to zero, one really appreciates everything one does have.

期待がゼロまで下がったとき，人は自分が持っているものすべてに心から感謝する。　Stephen Hawking 1942-2018　イギリス生まれの「車いすの物理学者」

531	expectation [èkspektéiʃən]	图 期待；予想
	派 expect	他 を期待する；を予期する
532	reduce [ridʒúːs | -djúːs]	他 を減少させる　自 減少する
	派 reduction	图 減少 (量)；値引き
533	really [ríːəli | ríəli]	副 本当に，心から
	派 real	形 現実の；本物の

When one's expectations are reduced ..., one ... appreciates everything ....
　　　　　S'　　　　　　　　V'　　　　S　　　V　　　　O
• one does have（人が持っている）は関係詞節で，everything を修飾している。does は動詞 have を強調している。

Kindness is a language which the deaf can hear and the blind can see.

親切は，耳の聞こえない人にも聞こえ，目の見えない人にも見える言語である。
Mark Twain　1835-1910　19 世紀アメリカを代表する作家

534	deaf [déf]	形 耳の聞こえない，耳が遠い
535	blind [bláind]	形 目の見えない，盲目の

Kindness is a language [which the deaf can hear and the blind can see].
　S　V　　C　　　[O]　　[S]　　[V]　　　　[S]　　[V]
•〈the ＋形容詞〉は「～な人々」を表す。which 以下は関係詞節で，language を修飾している。
• より間接的な表現として，deaf，blind の代わりに hearing-impaired や hard of hearing，visually-impaired が使われることも多い（impaired：障害のある）。

112

Life is a marathon, not a sprint; pace yourself accordingly.

人生はマラソンだ。短距離走じゃない。自分なりのペースを守れ。

Amby Burfoot　1946-　アメリカの元マラソン選手

536	**marathon** [mǽrəθɑ̀n｜-θən]	名 マラソン
537	**pace** [péis]	他 のペースを定める 自 歩き回る
538	**accordingly** [əkɔ́ːrdiŋli]	副 それに応じて，それ相応に
539	参 **according to ～**	～によれば；～に応じて

Life is a marathon, not a sprint; pace yourself accordingly.
　S　V　　　　C　　　　　　　V　　O

Lifestyle is the art of discovering ways to live uniquely.

ライフスタイルは，自分にしかない生き方を発見する技術だ。

Jim Rohn　1930-2009　成功哲学分野の著述家，講演家

540	**lifestyle** [láifstàil]	名 ライフスタイル，生活様式
541	**uniquely** [juːníːkli]	副 独自に；比類なく

Lifestyle is the art of discovering ways to live uniquely.
　　S　　V　　　　　　C

- to live uniquely は ways を修飾する to 不定詞句。

> # Life is never perfect. We all live some form of Option B.
>
> 人生は決して完璧ではありません。私たちは皆，ある種の選択肢Bを生きているのです。
>
> Sheryl Sandberg 1969- Facebook の COO

542 ☑	**perfect** [pə́ːrfikt]	形 完璧な，完全な；理想的な
543 ☑	**form** [fɔ́ːrm]	名 種類；形態；用紙 他 を形成する
544 ☑	**option** [ápʃən | ɔ́p-]	名 選択，選択肢

Life is never perfect. We all live some form of Option B.
S V   C   S V   O

• "OPTION B" はシェリル・サンドバーグの著作タイトルでもある。思い通りではない人生を次善の「選択肢B」と表している。

> # You can't avoid pain, but you can choose to overcome it.
>
> 痛みを避けることはできないが，痛みを克服することを選ぶことはできる。
>
> Paulo Coelho 1947- ブラジルの小説家

545 ☑	**avoid** [əvɔ́id]	他 を避ける
546 ☑	**pain** [péin]	名 痛み；苦悩；苦労
	派 **painful**	形 痛みのある；苦しい
547 ☑	**choose** [tʃúːz]	他 を選ぶ；を決める 自 選ぶ
548 ☑	**overcome** [òuvərkám]	他 を克服する；を打ちのめす

You can't avoid pain, but you can choose to overcome it.
S   V   O   S   V   O

114

> # A bad attitude is like a flat tire. You can't go anywhere until you change it.
>
> 悪い態度はパンクしたタイヤのようなものだ。取り替えるまでどこにも行けない。
>
> Anonymous（作者不詳）※諸説あり

549 ☑	**attitude** [ǽtitjùːd	-tjùːd]	名 態度；意見
550 ☑	**flat** [flǽt]	形 （タイヤなどが）パンクした；平らな 名 平たい部分；平地
551 ☑	**anywhere** [énihwèər	-wèə]	副 〈否定文で〉どこへも（…ない）；〈疑問文で〉どこかへ； 〈肯定文で〉どこでも

A bad attitude is like a flat tire. You can't go anywhere until you change it.
   S   V   C   S   V   S'   V' O'

> # The tragedy of life doesn't lie in not reaching your goal. The tragedy lies in having no goal to reach.
>
> 人生の悲劇は目標に到達しないことにあるのではない。悲劇は到達するべき目標を持っていないことにあるのだ。
>
> Benjamin Mays　1894-1984　アメリカの牧師，公民権運動の指導者

552 ☑	**tragedy** [trǽdʒədi]	名 悲劇；悲しい出来事
553 ☑	反 **comedy**	名 喜劇
554 ☑	**goal** [góul]	名 目標，目的；得点

The tragedy of life doesn't lie in .... The tragedy lies in ....
      S   V   S   V

• lie in ...ing は「（原因・問題などが）…することにある」の意。

115

Common sense in an uncommon degree is what the world calls wisdom.

異常な程に常識的な感覚は，世間が知恵と呼んでいるものだ。

Samuel T. Coleridge　1772-1834　イギリスのロマン派詩人

555	**common** [kámən | kɔ́m-]	形 ごく普通の，ありふれた；共通の
556	**uncommon** [ʌnkámən | ʌnkɔ́m-]	形 異常な；めったにない
557	**degree** [digríː]	名 程度；（温度や角度の）度；学位

Common sense ... is what	関係詞節内 what the world calls wisdom
S　　　　V　C	[O]　[S]　[V]　[C]

• call O C で「O を C と呼ぶ」の意。O が関係代名詞 what となって前に出ている。

Money is a tool that can either fix or damage your life. Use it wisely.

お金は，あなたの人生を修復することも傷つけることもできる道具です。賢く使いなさい。

Ziad K. Abdelnour　1960-　レバノン生まれの投資家

558	**tool** [túːl]	名 道具
559	**fix** [fíks]	他 を修理する；を固定する；を定める
560	類 **repair**	他 を修理する　名 修理
561	**damage** [dǽmidʒ]	他 を傷つける；に損害を与える　名 損害
562	**wisely** [wáizli]	副 賢く，賢明に

Money is a tool [that can either fix or damage your life]. Use it wisely.
　S　V　C　[S]　　[V]　　　　[O]　　V O

• either A or B は「A か B のどちらか」の意。動詞 fix と damage が A・B にあたる。your life は両方の動詞の目的語。

It is wrong to assume that men of immense wealth are always happy.

莫大な財産を持っている人は必ず幸せなはずだと思うことは間違いである。

John Rockefeller　1839-1937　スタンダード・オイル社の創業者

563 ☑	**assume** [əsúːm | əs/úːm]	他 を当然〔本当〕だと思う，を想定する
	派 **assumption**	名 想定，仮定
564 ☑	**wealth** [wélθ]	名 富，財産
	派 **wealthy**	形 裕福な

It is wrong to assume that			that 節内 men ... wealth are always happy
S V	C	真主語	S' V' C'

• 文頭の It は形式主語で，本来の主語は to assume 以下の内容。that 節は assume の目的語。

Extreme hopes are born from extreme misery.

極度の希望は，極度の不幸から生まれる。

Bertrand Russell　1872-1970　イギリスの哲学者，数学者，論理学者

565 ☑	**extreme** [ikstríːm]	形 極度の；極端な 名 極端，極度
	派 **extremely**	副 極度に，非常に
566 ☑	**misery** [mízəri]	名 みじめさ，貧窮
	派 **miserable**	形 みじめな，ひどく不幸な

Extreme hopes are born from extreme misery.
S　　　　　　　　V

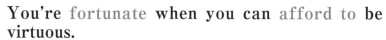

You're fortunate when you can afford to be virtuous.

高潔でいる余裕があるとき，あなたは幸運である。

Malcolm Forbes　1919-1990　『フォーブズ』誌の元発行人

567 ☑	**fortunate** [fɔ́ːrtʃənət]	形 運のよい，幸運な
568 ☑	反 **unfortunate**	形 不運な，残念な
569 ☑	**afford** [əfɔ́ːrd]	他 を買う〔する〕余裕がある **afford to ...**　…する余裕がある
	派 **affordable**	形 手ごろな価格の

You're fortunate when you can afford to be virtuous.
　S　V　　C　　　　　S'　　V'　　　　O'

• virtuous は 「徳の高い，高潔な」 の意。

When life hands us a beautiful bouquet of flowers, we stare at it in cautious expectation of a bee.

人生が美しい花束を手渡すとき，ハチがいるかもしれないと用心しながらそれを見つめる。

Dean Koontz　1945-　アメリカの小説家

570 ☑	**bouquet** [bukéi, bou-]	名 花束，ブーケ
571 ☑	**stare** [stéər]	自 じっと見つめる，凝視する 他 をじっと見つめる
572 ☑	類 **glance**	自 ちらりと見る，一瞥する　名 一瞥
573 ☑	参 **glimpse**	他 をちらりと見かける　名 ちらりと見えること
574 ☑	**bee** [bíː]	名 ハチ，ミツバチ

When life hands us a ... flowers, we stare at it ....
　　　　S'　　V'　O'　　　O'　　S　V

• hand O₁ O₂ は 「O₁ に O₂ を手渡す」 の意。

I was a victim of a series of accidents, as are we all.

私は一連の偶然の犠牲者だった。我々皆と同じようにね。

Kurt Vonnegut　1922-2007　アメリカの小説家

575 ☐	**victim** [víktim]	图 犠牲者，被害者
576 ☐	**accident** [ǽksədənt]	图 偶然 (の出来事)；事故
	派 **accidental**	形 偶然の，予期しない

<u>I</u> <u>was</u> <u>a victim</u> ..., <u>as</u> <u>are</u> <u>we all</u>.
S　V　　C　　　　 V'　S'

- 接続詞 as（…するように）が導く節が，主語と助動詞・be 動詞のみから成る場合は倒置が起こり，V＋Sの語順になる。
- そのため，as <u>we all</u> <u>are</u> ではなく as <u>are</u> <u>we all</u> となっている。

Cares are often more difficult to throw off than sorrows; the latter die with time, the former grow.

心配は悲しみよりも断ち切るのが難しいことが多い。後者は時間とともに消え，前者は大きくなる。

Jean Paul　1763-1825　ドイツの小説家

577 ☐	**throw** [θróu]	他 を投げる **throw off ～** （束縛など）を断ち切る
578 ☐	**latter** [lǽtər]	图 〈the ～で〉後者 形 後者の；後半の
579 ☐	**former** [fɔ́ːrmər]	图 〈the ～で〉前者 形 前の；かつての

<u>Cares</u> <u>are</u> often <u>more difficult to</u> ...; <u>the latter</u> <u>die</u> ..., <u>the former</u> <u>grow</u>.
　S　　V　　　　 C　　　　　　　S　　 V　　　　　S　　　 V

- the former と the latter は，既出の２つの事柄に言及する場合に使われる。ここではそれぞれ cares と sorrows を指している。参照する名詞が複数形の場合は複数扱いのため，述語動詞の die と grow には３単現の s はついていない。

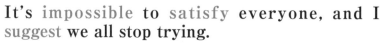

It's impossible to satisfy everyone, and I suggest we all stop trying.

すべての人を満足させることは不可能です。私は皆がそうしようとするのをやめようと提案します。

Jennifer Aniston　1969-　アメリカの女優

580 ☑	**impossible** [impásəbl | -pɔ́s-]	形 不可能な；ありえない
581 ☑	**satisfy** [sǽtisfài]	他 を満足させる；を満たす
	派 **satisfaction**	名 満足 (感)
582 ☑	**suggest** [səɡdʒést | sədʒést]	他 と〔を〕提案する；を示す
	派 **suggestion**	名 提案

It's impossible to satisfy everyone, and I suggest (that) ....
S V　　C　　　　　　真主語　　　　　S　V　　O

- 文頭の It は形式主語で，本来の主語は to satisfy 以下の内容。
- suggest の目的語は名詞節で，接続詞 that は省略されている。節内は we all(S) stop(V) trying(O) という構造。trying の後には to satisfy everyone が省略されている。

The thing about tears is that they can be as quiet as a cloud floating across the desert sky.

涙というものは，砂漠の空に浮かぶ雲のように静かなことがある。

Benjamin Alire Sáenz　1954-　アメリカの詩人，小説家

583	**tear** [tíər]	名 涙 (の粒)
584	**float** [flóut]	自 浮かぶ；漂う　他 を浮かべる
585	**desert** [dézərt]	名 砂漠　形 砂漠の

The thing about tears is that ....　that 節内 they can be as quiet as ...
　　　S　　　　　V　　C　　　　　　　　　　S'　　V'　　　　C'

- the thing about A is ... は，物事 A のある側面について述べる表現。
- floating 以下は cloud を修飾する現在分詞の句。

Pity was always a waste of time. Existence is terrible, pity won't change that.

同情はいつも時間の無駄だった。存在することは恐ろしい。同情はそれを変えはしない。

Cesare Pavese　1908-1950　イタリアの小説家，評論家

586	**pity** [píti]	名 同情，哀れみ；残念なこと
587	**existence** [igzístəns]	名 存在；生存
588	**terrible** [térəbl]	形 恐ろしい，ぞっとする
派	**terribly**	副 恐ろしく，ものすごく
派	**terrify**	他 をおびえさせる

Pity was always a waste of time. Existence is terrible, pity won't change that.
　S　　V　　　　　　　　　　C　　　　　　　S　　V　　C　　S　　V　　　　O

- 最後の that は Existence is terrible を指す。2つの節が例外的にコンマで結ばれている。

5

人生

Being an adult comes with a whole new set of issues.

大人になることは，まったく新しい一連の問題を伴ってやってきます。

Melissa de la Cruz　1971-　フィリピン生まれアメリカ在住の作家

589	**adult** [ədʌ́lt, ǽdʌlt]	名 大人，成人 形 大人の
590	**issue** [íʃuː]	名 問題；発行 (物) 他 (声明など) を出す；を発行する

Being an adult comes with ....
　　S　　　　　V

That sign of old age: extolling the past at the expense of the present.

老いのきざし。それは現在を犠牲にして過去をほめそやすことだ。

Sydney Smith　1771-1845　イギリスの著述家，聖職者

591	**sign** [sáin]	名 きざし；標識；記号
592	**expense** [ikspéns]	名 費用，出費 **at the expense of ～**　～を犠牲にして
	派 **expend**	他 を費やす，を使う
	派 **expensive**	形 値段が高い，高価な
593	**present** [préznt]	名 〈the ～で〉現在，今 形 現在の
	派 **presence**	名 存在 (感)；出席

• 文の形ではなく，that sign of old age（老いのきざし）という名詞句をコロン（：）以下の動名詞句で説明している。コロンはイコールの役割をしている。extol(l) は「～を絶賛する」の意。

An awareness of death encourages us to live more intensely.

死を意識することは，我々がより真剣に生きるよう促してくれる。

Paulo Coelho　1947-　ブラジルの小説家

594 ☑	**encourage** [inkɔ́:ridʒ | -kʌ́r-]	他 を促す；を励ます **encourage O to ...**　○ が…するように促す
	派 **encouragement**	名 激励
595 ☑	反 **discourage**	他 を邪魔する
596 ☑	**intensely** [inténsli]	副 真剣に；激しく，強烈に
	派 **intense**	形 熱のこもった；激しい，強烈な

An awareness of death encourages us to live more intensely.
　　　　　　S　　　　　　　　V　　　O

Religion is a fascinating black hole to me.

宗教は，僕にとって魅力的なブラックホールなんだ。

Johnny Depp　1963-　アメリカの俳優

597 ☑	**fascinating** [fǽsənèitiŋ]	形 魅了する，魅惑的な
	派 **fascinate**	他 を魅了する
598 ☑	**hole** [hóul]	名 穴 **black hole**　ブラックホール

Religion is a fascinating black hole to me.
　S　　V　　　　　C

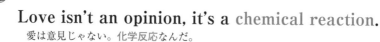

Love isn't an opinion, it's a chemical reaction.

愛は意見じゃない。化学反応なんだ。

Tony Randall　1920-2004　アメリカの俳優

599	**chemical** [kémikəl]	形 化学の，化学的な 名 化学製品
600	**reaction** [riǽkʃən]	名 反応；反発
	派 **react**	自 反応する

Love isn't an opinion, it's a chemical reaction.
　S　　 V　　　 C　　　 SV　　　　C

• 2つの節が例外的にコンマで結ばれている。

You can't blame gravity for falling in love.

恋に落ちるのを重力のせいにはできない。

Albert Einstein　1879-1955　ドイツ生まれの物理学者

601	**blame** [bléim]	他 を責める，のせいにする **blame A for B**　B を A のせいにする 名 （失敗に対する）責任
602	**gravity** [grǽvəti]	名 重力

You can't blame gravity for falling in love.
　S　　　 V　　　 O

124

> # Unlike clocks, hours have no reverse motion.
> 時計と違って，時間は逆の動作はしない。
>
> Anonymous（作者不詳）

603 ☑	**unlike** [ʌnláik]	前 ～と違って
604 ☑	**reverse** [rivə́ːrs]	形 逆の；裏の　名 逆；裏（面） 他 を逆にする；を翻す
605 ☑	**motion** [móuʃən]	名 動作，運動

Unlike clocks, hours have no reverse motion.
　　　　　S　　　　　V　　　　　O

> # Time is an herb that cures all diseases.
> 時は，すべての病を癒す薬草である。
>
> Benjamin Franklin　1706-1790　アメリカの政治家，科学者

606 ☑	**herb** [ə́ːrb	hə́:b]	名 薬草，香草
607 ☑	**cure** [kjúər]	他 を治す；を解決する 名 治療（薬）
608 ☑	**disease** [dizíːz]	名 病気

Time is an herb [that cures all diseases].
　　S　V　C　[S]　[V]　　[O]

- that 以下は関係詞節で，herb を修飾している。

Walt Disney
（ウォルト・ディズニー）

1901-1966　ディズニーの創業者

1　With a talent for drawing from early childhood, Walt Disney
1045　　　　　　　　　　　803
grew up hoping to work as a newspaper cartoonist. Fortunately, he
381
also grew up with the new technology of cinema. With his friend, Ub
381　　　　　　　　　316
Iwerks, he set up his first studio with a second-hand camera.

5　Later, he moved to Hollywood and began working on a new
948　　　　　　　　　　　369
character: a mouse called Mickey. In 1927, the first "talkie" was
110
released, and Disney hurried to produce a new Mickey film, one with
518　　　　　　　　　　184　　　　　　　763
sound. *Steamboat Willie* came out in 1928 and was a huge success.
068
New characters such as Donald and Pluto followed, but Disney set
110　　　　　　　　　　　　　　374
10　his sights on producing feature-length films. *Snow White* was
184　　　　　　　　　763
released in 1937, with many other classics, including *Pinocchio* and
518　　　　　　　　　　　　　　783
Bambi soon to come. The success of Disney features continued into
068　　　　　　　　　074
the 1940s and 50s and Disney began to turn his mind to theme
parks.

15　Influenced by the Tivoli Gardens in Copenhagen, he hoped to
425
create a place for "children of all ages." The original Disneyland was
486
opened in 1955 and was an instant hit, followed by further parks,
1023　　　　　　374
movies and franchises. The Disney name shows no sign of losing its
591
appeal in the twenty-first century.

The more you like yourself, the less you are like anyone else, which makes you unique.

自分を好きになればなるほど，他の誰とも違う自分になっていく。それが君を唯一の存在にしてくれるんだ。

幼い子どもの頃から絵を描くことの才能があり，ウォルト・ディズニーは，新聞漫画家として働きたいと願いながら育ちました。幸運にも，彼はまた，映画という新しい技術とともに育ちました。友人であるアブ・アイワークスとともに，彼は，中古のカメラを備えた自身初のスタジオを設立しました。

その後，彼はハリウッドに移り住み，新しいキャラクターであるミッキーと呼ばれるネズミ（の制作）に取り組み始めました。1927 年には初の「トーキー（発声映画）」が公開され，そこでディズニーは，新たなミッキー映画で，音声付きのものを制作することを急ぎました。『蒸気船ウィリー』が 1928 年に公開されて，大きな成功を収めました。ドナルドやプルートなどの新たなキャラクターも後に続きましたが，ディズニーは長編映画を制作することに狙いを定めました。1937 年に『白雪姫』が公開され，『ピノキオ』や『バンビ』を含めた多数の他の傑作も，まもなく誕生しました。ディズニー長編映画の成功は 1940 年代と 50 年代へと続き，彼は自身の関心をテーマパークへと向けるようになりました。

コペンハーゲンにあるチボリ公園に影響を受け，彼は「あらゆる年齢の子どもたち」のための場所を創り出すことを望んでいました。初代のディズニーランドは 1955 年に開園し，即座の大成功となり，さらなるパークや，映画，フランチャイズ店が後に続くこととなりました。ディズニーの名前は 21 世紀になっても，その魅力を失う気配を見せていません。

→ウォルト・ディズニーの名言 p.14，82，86，110

語句・表現

ℓ.2 grow up ...ing「…しながら育つ」　ℓ.4 set up「（会社・施設）を設立する」

ℓ.4 second-hand「中古の」　ℓ.6 talkie「トーキー，（無声映画に対して）発声映画」

ℓ.7 hurry to ...「急いで…する，…することを急ぐ」

ℓ.8 come out「（映画が）公開される，世に出る」　ℓ.10 feature-length film「長編映画」

文法

ℓ.11 ～ 12 with ～ soon to come

with は付帯状況を表す。〈with ＋名詞＋形容詞・副詞など〉で，「～が…の状態で」という意味。主節の Snow White was released に付帯する状況を表している。「～を含めた多数の他の傑作もまもなく誕生する状況で，『白雪姫』が公開された」ということ。

Close-up & Review　重要語句

♪ 053t

　ウォルト・ディズニーが後世に与えた影響は計り知れませんが，映画黎明期における功績もその１つです。映画の歴史は，1895 年にリュミエール兄弟が世界初の実写映画を公開したことから始まりますが，それには音声がありませんでした。1920 年代になって映像と音声が同期した「トーキー（発声映画）」が生まれ，ウォルトはアニメーション映画に商機を見出していきます。世界初の長編アニメーションを実現した技術力はもちろんのこと，彼が１つ１つの作品に込めた「夢」というメッセージが世界中の人々を魅了しました。

　さて，このページではウォルト・ディズニーのコラムに登場した次の語句を押さえましょう。

609	**draw** [drɔ́ː]	自 絵を描く，線で書く 他 （図・線）を引く，（絵）を描く
610	**cartoonist** [kɑːrtúːnist]	名 漫画家
	派 **cartoon**	名 （風刺）漫画；アニメ
611	**fortunately** [fɔ́ːrtʃənətli]	副 幸運にも，運よく
612	反 **unfortunately**	副 不運にも，残念ながら
613	**studio** [stjúːdiòu | stjúː-]	名 スタジオ，映画撮影所
614	**huge** [hjúːdʒ]	形 巨大な，莫大な **a huge success**　大成功
615	**sight** [sáit]	名 視野；視力；眺め；ねらい
616	**classic** [klǽsik]	名 傑作；古典 形 第一級の；典型的な；古典的な
	派 **classical**	形 古典派の，伝統派の
617	**theme** [θíːm]	名 テーマ，主題
618	**original** [ərídʒənl]	形 最初の，本来の；独創的な 名 原作，原本
	派 **originally**	副 元は；生まれは
619	**appeal** [əpíːl]	名 人気，魅力；訴え 自 （人の心に）訴える；抗議する；嘆願する

Chapter 6

自己・他者

Self / Others

> Being confident and believing in your own self-worth is necessary to achieving your potential.
>
> 自信を持ち，自分の自尊心を信じることは，あなたの可能性を実現するのに必要なことです。
>
> Sheryl Sandberg　1969-　Facebook の COO

620	confident [kánfədənt | kɔ́n-]	形 自信に満ちた；確信している
621	necessary [nésəsèri | -səri]	形 必要な
622	achieve [ətʃíːv]	他 を達成する；を成し遂げる 自 成功を収める
623	potential [pəténʃəl]	名 可能性；資質 形 可能性を秘めた，潜在的な

Being ... and believing in ... is necessary to ....
　　　　　　　　S　　　　　　　　　V　　　　C

• believe in 〜 は「〜の存在・価値などを信じる」，self-worth は「自尊心」の意。

> Unique and different is the new generation of beautiful. You don't have to be like everybody else.
>
> 個性的で他と違うことは，新世代の美なの。他の皆と同じである必要はないわ。
>
> Taylor Swift　1989-　アメリカのシンガーソングライター

624	unique [juːníːk]	形 唯一の，独特の
625	different [dífərənt]	形 他と違った；独特の
派	differ	自 異なる；意見が合わない

Unique and different is the ... beautiful. You don't have to be like ....
　　　S　　　　　　　　V　　C　　　　　　　　　S　　　　　V　　　　C

• 通常，主語や目的語には名詞の働きをする語句が使われるが，ここでは形容詞 unique, different, beautiful が名詞のように使われている。また，主語の unique and different は「A かつ B」という1つのものを指しているため，be 動詞は単数の is で受けている。

No one can make you feel inferior without your consent.

あなたの同意なしには，誰もあなたに劣等感を抱かせることはできません。

Eleanor Roosevelt　1884-1962　フランクリン・ルーズベルト大統領夫人

626 ☑	**inferior** [infíəriər]	形 劣っている；下位の
627 ☑	反 **superior**	形 より優れている；上位の
628 ☑	**consent** [kənsént]	名 同意；合意 自 同意する

No one can make you feel inferior ....
　　　S　　V　O　　C

- この make は使役動詞。〈make O ＋動詞の原形〉で「O に…させる，O が…するようにする」という意味を表す。feel inferior は「劣等感を抱く」の意。

6　自己・他者

There is no amount of money in the world that will make you comfortable if you are not comfortable with yourself.

もしあなたが自分に満足していないのなら，あなたを満足させる量のお金はこの世にありません。

Stuart Wilde　1946-2013　イギリスの自己啓発作家

629 ☑	**amount** [əmáunt]	名 量，額 **a ... mount of ～**　…の量の～ ... には large，small などの形容詞が入る。
630 ☑	**comfortable** [kʌ́mfərtəbl]	形 自信が持てる；心地よい，快適な
	派 **comfort**	名 心地よさ；慰め　他 を慰める

There is no amount of money ... [that will make you comfortable]
　　V　　　　　S　　　　　　　[S]　[V]　[O]　　[C]
if you are not comfortable ....
　S'　V'　　　　C'

- 関係詞節内の make は 1 つ上の文と同じく使役動詞。
- be comfortable with *oneself* は「自分に自信が持てる，自分自身に満足する」ということ。

131

Poor is the man whose pleasures depend on the permission of another.

自分の楽しみが他人の許可次第って人は，気の毒ね。

Madonna Ciccone　1958-　アメリカのシンガーソングライター

631	**pleasure** [pléʒər]	图 楽しみ，喜び
632	**depend** [dipénd]	圓 次第である；頼る **depend on 〜**　〜次第である；〜に頼る
633	**permission** [pərmíʃən]	图 許可，同意
	派 **permit**	他 を許可する　圓 許す

Poor is the man [whose pleasures depend on ...].
　C　V　　S　　　　　[S]　　　　　　[V]

- SVC の C が文頭に出た倒置の文。主語が関係詞節に修飾されて長くなっているため，文頭ではなく後ろに来ている。

You define beauty yourself, society doesn't define your beauty.

美しさを定義するのはあなた自身。社会があなたの美しさを定義するわけじゃない。

Lady Gaga　1986-　アーティスト，女優，活動家

634	**define** [difáin]	他 を定義する；を明確にする
	派 **definition**	图 定義
	派 **definite**	形 はっきりとした；確実な
635	**beauty** [bjúːti]	图 美しさ，美
636	**society** [səsáiəti]	图 社会，世間

You define beauty ..., society doesn't define your beauty.
　S　　V　　　O　　　　　S　　　　　　V　　　　　O

- yourself は「あなた自身で」と強調する役割をしている。例外的に，2 つの節がコンマでつながれている。

> You have to be absolutely frank with yourself.
> Face your handicaps, don't try to hide them.
> Instead, develop something else.
>
> 自分に対して絶対に率直でなければなりません。自分の不利なところに向き合い，
> それを隠そうとはしないでください。その代わりに，別の何かを伸ばしましょう。

Audrey Hepburn　1929-1993　女優，ユニセフ親善大使

637	**absolutely** [æ̀bsəljúːtli]	副 絶対に，ものすごく；〈否定語とともに〉まったく
638	**frank** [frǽŋk]	形 率直な；公然の
	派 **frankly**	副 率直に，ありのままに
639	**hide** [háid]	他 を隠す；を秘密にする 自 隠れる
	派 **hidden**	形 隠れた，見つけにくい
640	**instead** [instéd]	副 その代わりに，そうではなく **instead of ~** ～の代わりに

6 自己・他者

You have to be ... frank .... Face your handicaps, don't try to hide them.
S　V　　　C　　　V　　　　O　　　　　V　　　　O

Instead, develop something else.
　　　　　V　　　O

You have little control over what criticism or praise outsiders send your way. Take it all with a grain of salt.

部外者があなたのやり方にどんな批判や称賛を送るかは，あなたにはほとんどどうすることもできない。それらはすべて，1粒の塩とともに受け取りなさい（＝話半分に聞いておきなさい）。

John Wooden　1910-2010　バスケットボールのコーチ

641	**criticism** [krítəsìzm]	图 批判，非難；評論
派	**critic**	图 批評家
派	**critical**	形 批判的な；重大な
642	**praise** [préiz]	图 称賛；ほめること 他 をほめる
643	**grain** [gréin]	图 粒；穀物
644	**salt** [sɔ́ːlt]	图 塩

```
You have little control over [what criticism ... outsiders send your way]. Take it all with ....
 S   V      O                 [O]              [S]     [V]  [O]          V   O
```

- have control over ～ は「～を制御している」の意。what criticism or praise は〈疑問詞＋名詞〉のかたまりで，send O₁ O₂（O₁ に O₂ を送る）の O₂ にあたる。
- take ～ with a grain of salt は「～を話半分に聞く〔額面通り取らない〕」という意味の慣用句。

I don't have to prove anything to anyone. I only have to follow my heart and concentrate on what I want to say to the world.

私は，誰にも何も証明する必要はないわ。私はただ自分の心に従って，私が世界に伝えたいことに集中すればいいだけ。

Beyoncé　1981-　アメリカのシンガーソングライター

645 ☑	**prove** [prúːv]	他 を証明する 自 ～であると判明する
	派 **proof**	名 証拠；証明
646 ☑	**concentrate** [kánsəntrèit | kɔ́n-]	自 集中する　他 を集中させる **concentrate on ～**　～に集中する
	派 **concentration**	名 集中

I don't have to prove anything .... I only have to follow my heart and concentrate on ....
S　　　　　V　　　　　O　　　S　　　　　V　　　　　O　　　　　V

- 2文目は I only have to の後に，2つの動詞 follow と concentrate が続いている。関係代名詞の what 以下は前置詞 on の目的語。what I want to say で「私の言いたいこと」の意。

I've always felt those articles somehow reveal more about the writers than they do about me.

私はいつも，それらの記事がどういうわけか，私のことよりも書き手のことをより多くあばいていると感じてきました。

Marilyn Monroe　1926-1962　アメリカの女優

| 647 ☑ | **article** [áːtikl] | 名 記事；項目 |
| 648 ☑ | **somehow** [sʌ́mhàu] | 副 どういうわけか；何とかして |

I've ... felt (that).... 　　that 節内 those articles ... reveal more ....
S　V　　O　　　　　　　　　　S'　　　　　V'　O'

- those 以降は felt の目的語となる名詞節。接続詞 that が省略されている。名詞節の中は比較の文で，reveal about the writers と do (= reveal) about me を比較している。
- スター女優として常にパパラッチに追われるマリリン・モンローが，記者を皮肉った言葉。

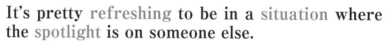

> It's pretty refreshing to be in a situation where the spotlight is on someone else.
>
> スポットライトが他の誰かに当たっている状況にいるのは，かなり新鮮だわ。
>
> Marion Cotillard　1975-　フランスの女優

649	**refreshing** [rifréʃiŋ]	形 （目新しくて）新鮮な；すがすがしい
	派 **refresh**	他 をさわやかな気分にさせる
650	**situation** [sìtʃuéiʃən]	名 状況；事態
651	**spotlight** [spɑ́tlàit | spɔ́tláit]	名 スポットライト；世間の注目
652	参 **spot**	名 （特定の）場所；斑点；しみ

It's pretty refreshing to be ....
SV　　　C　　　真主語

- where 以下は situation を先行詞とする関係詞節で，「…な状況」という意味を表している。関係詞節内は the spotlight (S) is (V) という構造。

> Probably my worst quality is that I get very passionate about what I think is right.
>
> おそらく私の一番悪いところは，自分が正しいと思ったことにものすごく熱中してしまうことね。
>
> Hillary Clinton　1947-　政治家，ビル・クリントン大統領夫人

653	**probably** [prɑ́bəbli | prɔ́b-]	副 おそらく，十中八九
	派 **probable**	形 起こりそうな，確実な
	派 **probability**	名 見込み；確率
654	**passionate** [pǽʃənət]	形 熱中して；情熱的な

Probably my worst quality is that ....　　that 節内 I get very passionate ...
　　　　　S　　　　　V　　C　　　　　　　　　　S' V'　　　　C'

- what は先行詞を含む関係代名詞で，what (S) is (V) right (C)（正しいこと）に I think が挿入されている。what 節が前置詞 about の目的語となっている。

Running reminded me exactly who I am and what I am made of.

走ることは，自分が何者か，自分を形作っているものは何かを正確に私に気づかせてくれました。

Lynn Jennings　1960-　アメリカの元陸上競技選手

655 ☑	**remind** [rimáind]	他 に気づかせる，に思い出させる **remind O + wh 節** O に…か気づかせる
	派 **reminder**	名 思い出させるもの〔人〕
656 ☑	**exactly** [igzǽktli]	副 正確に，厳密に
	派 **exact**	形 正確な；まさにその

Running reminded me exactly who ... and what ....
　　S　　　　V　　　O　　　　　　O

- who I am と what I am made of はいずれも間接疑問の名詞節。remind には，〈remind O + that 節〉（O に…だと気づかせる），〈remind A of B〉（A に B を思い出させる）などの用法もある。

It's just a job. Grass grows, birds fly, waves pound the sand. I beat people up.

単なる仕事だよ。草は伸びる。鳥は飛ぶ。波は砂浜に打ち寄せる。俺は人を打ちのめす。

Muhammad Ali　1942-2016　アメリカのプロボクサー

657 ☑	**grass** [grǽs	grάːs]	名 草，牧草 (地)；芝生
658 ☑	類 **lawn**	名 (庭・公園の) 芝生
659 ☑	**wave** [wéiv]	名 波 他 を振る　自 手を振る；揺れる
660 ☑	**sand** [sǽnd]	名 砂，砂浜
	派 **sandy**	形 砂の，砂で覆われた
661 ☑	**beat** [bíːt]	他 を打つ；を打ち負かす　自 打つ 名 (太鼓などの) 一打ち；(心臓の) 動悸

It's ... a job. Grass grows, birds fly, waves pound the sand. I beat people up.
SV　　C　　　S　　V　　S　　V　　S　　　V　　　O　　S　V　　O

- ボクサーとして戦うことは，自分にとっては自然現象のように当たり前の在り方だと述べている。

I see what happens when one gets very attached to material things. That's just not what my life is.

人が物質的なものに非常に執着すると何が起こるか，私はわかっています。それはまったく私の人生の在り方ではありません。

Alicia Keys　1981-　アメリカのシンガーソングライター

662 ☑	**attach** [ətǽtʃ]	他 をくっつける；を添付する **get attached to 〜**　〜に執着する；〜に夢中になる
663 ☑	**material** [mətíəriəl]	形 物質的な；肉体的な 名 物質；材料；資料

```
I see what ....    関係詞節内 what happens when one gets very attached to ...
S   V   O              [S]    [V]       [S'] [V']      [C']

That's just not what ....   関係詞節内 what my life is
S   V       C               [C]    [S] [V]
```

• 否定語の前の just は，「まったく…ない，とても…ない」と否定を強調する。

I finally faced the fact that it isn't a crime not having friends. Being alone means you have fewer problems.

私は，友達がいないことは罪ではないという事実にようやく向き合いました。1人でいるということは，問題がより少ないということなんです。

Whitney Houston　1963-2012　アメリカの歌手，女優

664 ☑	**finally** [fáinəli]	副 ようやく，ついに；最終的に
665 ☑	**face** [féis]	他 に向き合う；に直面する　自 (場所に) 面している 名 顔；表面
666 ☑	**crime** [kráim]	名 罪，犯罪
	派 **criminal**	形 犯罪の　名 犯人

```
I finally faced the fact that it isn't a crime not having friends.
S       V    O       S' V'      C'          真主語

Being alone means (that) ....    that 節内 you have fewer problems
S         V     O                        S'  V'    O'
```

• 1文目の that 節は同格で，fact の内容を説明している。節内の it は形式主語。

To me I seem to be constantly growing. I must respond to varying conditions, yet remain changeless within.

私には，自分が絶えず成長しているように思えます。変化する状況に対応しなければなりませんが，内面は変わらないままです。

Mahatma Gandhi 1869-1948 政治指導者，「インド独立の父」

667	**seem** [síːm]	自 〜のように思われる **seem to ...** …であるように思われる
668	**respond** [rispánd | -spɔ́nd]	自 反応する；答える **respond to 〜** 〜に反応する
669	**remain** [riméin]	自 〜のままである；残っている
	派 **remainder**	名 〈the 〜で〉残り(のもの)，余り
670	**within** [wiðín, wiθ-]	副 心の中で；中に 前 〜以内に；〜の範囲内で

... I seem to .... I must respond ..., yet remain changeless ....
  S V   S   V   V'   C'

• ここでの yet は接続詞で「けれども，しかし」の意。

Nothing can disturb the calm peace of my soul.

何であれ私の心の静かな平安を乱すことはできない。

Jiddu Krishnamurti 1895-1986 インド生まれの宗教家，教育者

671	**disturb** [distə́ːrb]	他 をかき乱す；を邪魔する 自 邪魔をする
672	類 **interfere**	自 妨害する；干渉する
673	**calm** [káːm]	形 冷静な；穏やかな 自 静まる
	派 **calmly**	副 静かに，落ち着いて

Nothing can disturb the calm peace ....
    S   V   O

6

自己・他者

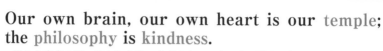
Our own brain, our own heart is our temple; the philosophy is kindness.

私たち自身の頭，私たち自身の心が寺なのです。その原理は親切心です。

14th Dalai Lama　1935-　チベット仏教の最高指導者

674	**temple** [témpl]	图 寺，聖堂，神殿
675	**philosophy** [filásəfi | -lɔ́s-]	图 原理；人生観；哲学
	派 **philosopher**	图 哲学者
676	**kindness** [káindnis]	图 親切 (心)，思いやり

Our ... heart is our temple; the philosophy is kindness.
　　　　S　　V　　C　　　　S　　　V　　C

- There is no need for temples; no need for complicated philosophy. (寺は必要ありません。複雑な原理も必要ありません。) に続く言葉。

Your environment affects you wherever you are.

どこにいようとも，環境は人に影響を与えます。

David Mitchell　1969-　イギリスの作家

677	**environment** [inváiərənmənt]	图 (周囲の) 環境；自然環境
	派 **environmental**	形 環境の；環境保護の
	派 **environmentalist**	图 環境問題専門家
678	**affect** [əfékt]	他 に影響する；(病気などが) を冒す
	派 **affection**	图 愛情，好意
679	**wherever** [hwɛərévər]	接 どこへ…しようとも；(…する) 所ならどこでも

Your environment affects you wherever you are.
　　　S　　　　　　V　　　O　　　　　　S'　V'

> ## Good taste is the modesty of the mind; that is why it cannot be either imitated or acquired.
>
> 品のよさは心の謙虚さです。だからそれはまねることも習得することもできません。
>
> Delphine de Girardin　1804-1855　フランスの作家

680 ☑	**modesty** [mádəsti | mɔ́d-]	图 謙虚さ；節度
	派 **modest**	形 控えめな；適度な
681 ☑	**imitate** [ímətèit]	他 をまねる；を見習う
	派 **imitation**	图 模倣，模造品
682 ☑	**acquire** [əkwáiər]	他 を習得する；を入手する
	派 **acquision**	图 習得；獲得

Good taste is the modesty ...; that is why ....
　　　S　　　V　　　C　　　　　S　V　C

- that is why ... は直前の内容を受けて「だから…だ」と述べるときの決まり文句。
- not ... either A or B は「A と B のどちらも…ない」の意。

> ## The guest will judge better of a feast than the cook.
>
> 客人のほうが，料理人よりもごちそうについてより適切に評価するだろう。
>
> Aristotélēs　紀元前 384-322　古代ギリシャの哲学者

683 ☑	**guest** [gést]	图 客，ゲスト
684 ☑	反 **host**	图 (客を招待する) 主人；主催者
685 ☑	**judge** [dʒʌ́dʒ]	自 判断する，評価する 他 を判断する

The guest will judge better of a feast than the cook.
　　S　　　　V

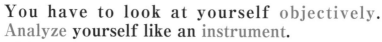

You have to look at yourself objectively. Analyze yourself like an instrument.

自分を客観的に見なければなりません。1つの道具のように自分を分析するのです。

Audrey Hepburn　1929-1993　女優, ユニセフ親善大使

686	**objectively** [əbdʒéktivli]	副 客観的に, 公平に
	派 **objective**	形 客観的な　名 目標
687	**analyze** [ǽnəlàiz]	他 を分析する, を解明する
	派 **analysis**	名 分析 (結果), 解明
688	**instrument** [ínstrəmənt]	名 道具, 器具；楽器

You have to look .... Analyze yourself ....
S   V   V   O

Don't rely too much on labels, for too often they are fables.

レッテルを信頼し過ぎてはいけない。それらは作り話であることがあまりにも多いから。

Charles Spurgeon　1834-1892　イギリスのバプテスト派牧師

689	**rely** [rilái]	自 頼る **rely on 〜**　〜を信頼する；〜に依存する
690	**label** [léibəl]	名 レッテル；ラベル 他 にラベルをはる

Don't rely too much ..., for too often they are fables.
   V   S   V   C

- for は「というのは…だから」と理由を付け加える接続詞。too often が強調のために節の頭に出ている。fable は「作り話；たとえ話」の意。

Never trust a man who speaks well of everyone.

どの人のこともよく言う人を信用してはならない。

John Churton Collins 1848-1908 イギリスの文学評論家, 教育家

691 ☑	**trust** [trʌ́st]	他 を信用する；を当てにする 名 信用, 信頼
692 ☑	**well** [wél]	副 よく；正しく；上手に

Never trust a man [who speaks ...].
　　　　V　　　O　　[S]　　[V]

• who 以下は man を修飾する関係詞節。speak well of ～ は「～のことをよく言う, ほめる」。

If you pick up a starving dog and make him prosperous, he will not bite you. This is the principal difference between a dog and a man.

もしあなたが飢えた犬を拾い, 十分幸せにしてやれば, その犬はあなたをかまないだろう。それが犬と人との主要な違いである。

Mark Twain 1835-1910 19 世紀アメリカを代表する作家

693 ☑	**starve** [stɑ́ːrv]	自 飢える；餓死する 他 を飢えさせる
694 ☑	**prosperous** [prɑ́spərəs | prɔ́s-]	形 繁栄している；成功した ※英文中の prosperous は「順風満帆で幸せな」ということ。
695 ☑	**bite** [báit]	他 をかむ；(虫などが) を刺す 自 かみつく
696 ☑	**principal** [prínsəpəl]	形 主要な, 最も重要な 名 校長；社長

If you pick up a ... dog and make him prosperous, he will not bite you.
　S'　V'　　O'　　　　　　V'　O'　　　 C'　　S　　V　　 O

This is the principal difference between ....
　S　V　　　　　　C

It is difficult but not impossible to conduct strictly honest business.

厳密に誠実な商売を行うことは，難しいが不可能ではありません。

Mahatma Gandhi　1869-1948　政治指導者，「インド独立の父」

697	conduct [kəndʌ́kt]	他 を行う；を指揮する
	派 conductor	名 指揮者
698	strictly [stríktli]	副 厳密に；厳しく
	派 strict	形 厳密な；厳格な

It is difficult but not impossible to conduct ....
S V　　　　C　　　　　　　C　　　真主語

• 文頭の It は形式主語で，真主語は to conduct 以下の内容。

Undertake not what you cannot perform but be careful to keep your promise.

自分が行えないことを引き受けず，約束を守るよう気をつけなさい。

George Washington　1732-1799　アメリカ合衆国初代大統領

699	undertake [ʌndərtéik]	他 を引き受ける，を始める
700	perform [pərfɔ́ːrm]	他 を行う，を成し遂げる 自 演奏する，演じる
	派 performer	名 演者
701	careful [kéərfəl]	形 注意深い be careful to ...　…するように気をつける
	派 carefully	副 注意深く，慎重に
702	反 careless	形 不注意な，うかつな

Undertake not what you cannot perform but be careful to ....
　　V　　　　　　O　　　　　　　　V　　C

• Undertake not ... は文語的な表現。現代では Don't undertake ... が普通。undertake の目的語の関係詞節は，what(O) you(S) cannot perform(V) という構造。

Everything that irritates us about others can lead us to an understanding of ourselves.

他者に関して我々をいらいらさせることはすべて，自分自身の理解へと我々を導いてくれる。

Carl Gustav Jung　1875-1961　スイスの精神科医，心理学者

703	**irritate** [írətèit]	他 をいらいらさせる，を怒らせる
704	**other** [Λðər]	代 〈others で〉他人；別のもの〔人〕 〈the other で〉もう一方のもの 形 別の；もう一方の
705	**lead** [líːd]	他 を導く；を案内する　自 案内する
706	**understanding** [Λndərstǽndiŋ]	名 理解；了解 形 理解のある

Everything [that irritates us ...] can lead us ....
　　S　　[S]　　[V]　[O]　　　V　　O

One should examine oneself for a very long time before thinking of condemning others.

他人を非難することを考える前に，よくよく時間をかけて自分自身を吟味するべきである。

Molière　1622-1673　フランスの劇作家

707	**examine** [igzǽmin]	他 を調査する，を検査する
	派 **examination**	名 調査，検査；試験
708	**condemn** [kəndém]	他 を責める，を非難する

One should examine oneself ....
　　S　　　　V　　　　O
• examine は「対象を注意深く調べる」という意味合いを持つ。

> Money, or even power, can never yield happiness unless it be accompanied by the goodwill of others.
>
> 他者の好意が伴わなければ，お金や権力でさえ，決して幸福をもたらさないのです。
>
> B.C. Forbes　1880-1954　『フォーブス』誌の共同創設者

709	yield [jíːld]	他 をもたらす；に譲る 自 屈する
710	accompany [əkámpəni]	他 に伴って起こる；に同行する be accompanied by A　（主語に）A が伴う
711	goodwill [gúdwíl]	名 好意，友好

Money, or even power, can never yield happiness unless it be accompanied ....
S　　　　　　　　V　　　O　　S'　　　V'
・ unless は「…でなければ，…でない限り」という意味の接続詞。節内に動詞の原形 be が使われているが，現在では unless it is ... が普通。

> People who give their utmost in serving others are those who gain the biggest profit.
>
> 他者のために働くことに最善を尽くす人は，最大の利益を得る人である。
>
> Colonel Sanders　1890-1980　ケンタッキーフライドチキンの創業者

712	utmost [Átmoust]	名 最大限 形 最大の，最高の
713	serve [sə́ːrv]	他 のために働く；の役に立つ；（飲食物）を出す 自 役立つ；務める
714	gain [géin]	他 を獲得する；を増す　自 利益を得る 名 増加

People [who give their utmost ...] are those [who gain the biggest profit].
S　[S] [V]　[O]　　　V　C　[S] [V]　　[O]
・ SVC の S（people）と C（those）それぞれが関係詞節で修飾されている。those who ... は「…する人々」という定型表現。

Service to others is the rent you pay for your room here on earth.

他者への奉仕は，この地球上の自分の居場所に対して支払う家賃だ。

Muhammad Ali　1942-2016　アメリカのプロボクサー

715 ☑	**rent** [rént]	图 使用料，賃貸料
716 ☑	**pay** [péi]	他 を支払う；に代金を払う　自 支払う
		图 給料
派	**payment**	图 支払い

Service to others is the rent [(that) you pay for ...].
　　　　S　　　　 V　　C　　　[O]　[S]　[V]

- you pay 以下は rent を修飾する関係詞節。省略されている関係代名詞 that は pay O for ～（～に対して O を払う）の O にあたる。room は「（人が占める）場所」の意。

Happiness is a perfume you cannot pour on others without getting a few drops on yourself.

幸福とは，自分に数滴振りかけることなしには他者に注ぐことができない香水である。

Ralph Waldo Emerson　1803-1882　アメリカの思想家，詩人

※諸説あり

717 ☑	**perfume** [pə́ːrfjuːm, pərfjúːm]	图 香水；（快い）香り
718 ☑	**pour** [pɔ́ːr]	他 を注ぐ
		自 （雨が）激しく降る
719 ☑	**drop** [dráp | drɔ́p]	图 1 滴，しずく；少量
		自 落ちる，下がる　他 を落とす

Happiness is a perfume [(which) you cannot pour ...].
　　　S　　V　　C　　　[O]　 [S]　　　[V]

- you 以下は perfume を修飾する関係詞節。
- cannot ～ without ...ing は「…せずには～できない，～するとどうしても…する」という意味。他者を幸せにしようとすると，自分にも幸せのおすそ分けがあるということを，香水にたとえている。

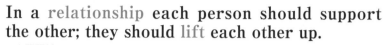

In a relationship each person should support the other; they should lift each other up.

人間関係では，それぞれが相手を支えるのがいいと思うわ。お互いを引き上げ合うべきね。

Taylor Swift　1989-　アメリカのシンガーソングライター

720	relationship [riléiʃənʃìp]	名 (人間)関係；関連 ※国同士などの公的な関係は relation。
	派 relation	名 (公的な)関係，関連
	派 relate	他 を関連させる　自 関係がある
721	lift [líft]	他 を持ち上げる，を引き上げる

... each person should support the other; they should lift each other up.
　　　　　S　　　　　V　　　　　O　　　　S　　　V　　　　O

• each other は「お互い」の意。

Cooperation is always more powerful than competition.

協力は常に競争よりも強力だ。

Bob Proctor　1934-　カナダの著述家

722	cooperation [kouàpəréiʃən | -ɔ̀p-]	名 協力，協同
723	参 operation	名 作業，事業；手術
724	competition [kàmpətíʃən | kɔ̀m-]	名 競争；競技(会)
	派 compete	自 競争する
	派 competitor	名 競争相手

Cooperation is always more powerful than competition.
　　　S　　　V　　　　　C

> ## Do your little bit of good where you are; it's those little bits of good put together that overwhelm the world.
>
> 自分がいる場所で少しよいことをしなさい。世界を圧倒するのは，それらの少しよいことが集まったものです。
>
> Desmond Tutu　1931-　南アフリカの神学者，人権活動家

725 ☑	**bit** [bít]	名 少し，ちょっと **a bit〔bits〕of ～**　少しの～　※しばしば little を伴う。冒頭では a の代わりに your が使われている。
726 ☑	**overwhelm** [òuvərʰwélm]	他 を圧倒する；を呆然とさせる
派	**overwhelming**	形 圧倒的な

Do your ... good ...; those ... good ... overwhelm the world.
V　　O　　　　　S　　　　　　V　　　O

- do good は「よい行いをする」，where you are は「あなたがいる場所で」の意。
- 後半は it's A that B（B なのは A だ）の強調構文。上の構文解説は，通常の語順に戻した形。
- put together（集められた）は過去分詞の句で，名詞 good を後ろから修飾している。

> ## Remember that the most valuable antiques are dear old friends.
>
> 最も価値の高い骨董品は，大切な旧友であることを忘れないように。
>
> H. Jackson Brown, Jr.　1940-　アメリカの著述家

727 ☑	**valuable** [vǽljuəbl]	形 価値の高い；有益な
728 ☑	対 **invaluable**	形 きわめて貴重な　※「価値が計り切れない」の意。
729 ☑	**antique** [æntíːk]	名 骨董品，古美術品 形 骨董の

Remember that ....　　that 節内 the ... antiques are dear old friends
V　　　O　　　　　　　　　　　　S'　　　V'　　　C'

6

自己・他者

149

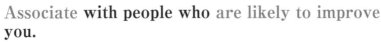

Associate **with people who** are likely to improve you.

あなたを向上させてくれそうな人とつき合いなさい。

Lucius Annaeus Seneca　紀元前 4 頃 - 後 65　ローマ帝国の哲学者，政治家

730 ☑	**associate** [əsóuʃièit, -si-]	圁 つき合う　囲 を関連づける 圄 仲間
	派 **association**	圄 つながり；連想；協会
731 ☑	**likely** [láikli]	圀 ありそうな　※ probable より確度が下がる。 **be likely to ...**　…しそうである
732 ☑	**improve** [imprú:v]	囲 を向上させる，を改善する 圁 よくなる
	派 **improvement**	圄 向上；改善

Associate with people [who are likely to improve you].
　　　V　　　　　　　　[S]　[V]　[C]
• who 以下は people を修飾する関係詞節。

Pick out associates whose behavior **is better than yours and you'll drift** in that direction.

自分よりもよいふるまいをする仲間を選びなさい。そうすればあなたは次第にその方向に向かうだろう。

Warren Buffett　1930-　アメリカの投資家

733 ☑	**behavior** [bihéivjər]	圄 ふるまい，行動
734 ☑	**direction** [dirékʃən	dai-]	圄 方向；指示 **in ～ direction**　～の方向に

Pick out associates [whose behavior is better ...] and you'll drift ....
　V　　　O　　　　　[S]　　　　[V]　[C]　　　　S　　V
• 〈命令文 + and ～〉（…しなさい。そうすれば～）の文。whose ... yours は associates を修飾する関係詞節。1 つ前の文では動詞として使われていた associate がここでは名詞として使われている。

Surround yourself with a loving community.

愛情あふれるコミュニティに囲まれていましょう。

735 ☑	**surround** [səráund]	他 を囲む，を取り巻く
	派 **surrounding**	图〈通例複数形で〉（周囲の）環境　形 周囲の
736 ☑	**community** [kəmjúːnəti]	图 コミュニティ，共同体；地域社会の人々

Surround yourself with ....
　　V　　　 O

- surround *oneself* with 〜 は「（お気に入りのものなど）を常に自分のまわりに置く」の意。

The most fatal disease of friendship is gradual decay.

友情の最も致命的な病は，ゆっくりとした衰退である。

737 ☑	**fatal** [féitl]	形 致命的な；取り返しがつかない
738 ☑	**friendship** [fréndʃip]	图 友情；友人関係
739 ☑	**gradual** [grǽdʒuəl]	形 ゆっくりとした，だんだんの
	派 **gradually**	副 徐々に，だんだんと
740 ☑	**decay** [dikéi]	图 衰退；腐敗 自 腐敗する；老朽化する

The most ... friendship is gradual decay.
　　　S　　　　　 V　　 C

No elderly person should be like an "exile" in our families. The elderly are a treasure for our society.

> どの高齢者も家族の中で"追放者"のようであるべきではありません。高齢者は社会の宝です。

Pope Francis　1936-　第266代ローマ教皇

741	**elderly** [éldərli]	形 年配の，年老いた
	派 **elder**	形 年上の　名 年長者
742	類 **senior**	形 年長のほうの；上位の　名 年長者
743	**treasure** [tréʒər]	名 宝物；貴重品

No elderly person should be like an "extile".... The elderly are a treasure ....
　　　　 S　　　　　　　 V　　　　　 C　　　　　　　 S　　　 V　　　 C

• exile は「追放された人；亡命者」。2文目の the elderly は〈the ＋形容詞〉で「〜な人々」。

Attention is vitality. It connects you with others. It makes you eager. Stay eager.

> 関心（を持つこと）は生きる力です。それは他者とあなたをつなぎます。それはあなたを意欲的にします。意欲的でいましょう。

Susan Sontag　1933-2004　アメリカの作家，活動家

744	**attention** [əténʃən]	名 関心，注意
745	**vitality** [vaitǽləti]	名 活力，元気
	派 **vital**	形 極めて重要な；活気のある
746	**connect** [kənékt]	他 をつなぐ，を接続する
	派 **connection**	名 接続；つながり
747	類 **link**	他 をつなぐ　名 関連
748	**eager** [íːɡər]	形 熱心な；熱望している

Attention is vitality. It connects you .... It makes you eager. Stay eager.
　　 S　　 V　　 C　 S　　 V　　 O　　 S　　 V　　 O　 C　　 V　 C

> There are no passengers on spaceship earth. We are all crew.
>
> 宇宙船地球号に乗客はいない。我々は皆，乗組員なのだ。
>
> Marshall McLuhan　1911-1980　カナダの文明批評家

749 ☑	**passenger** [pǽsəndʒər]	名 乗客
750 ☑	**spaceship** [spéisʃip]	名 （有人の）宇宙船
751 ☑	参 **space**	名 宇宙；空間
752 ☑	**crew** [krúː]	名 〈集合的に〉乗組員，乗務員

There are no passengers on .... We are all crew.
　　　　V　　　　S　　　　　　　S　V　　C

> Most people are participating in the grand adventure of living with one another.
>
> ほとんどの人は，お互いとともに暮らすという壮大な冒険に参加している。
>
> Paul Auster　1947-　アメリカの小説家，詩人

753 ☑	**participate** [pɑːrtísəpèit]	自 参加する，関与する **participate in ～**　～に参加する
	派 **participation**	名 参加，関与
	派 **participant**	名 参加者，関係者
754 ☑	類 **attend**	他 に出席する
755 ☑	**grand** [grǽnd]	形 壮大な；豪華な；重要な
756 ☑	**adventure** [ədvéntʃər, æd-]	名 冒険；冒険心
757 ☑	類 **expedition**	名 遠征，探検

Most people are participating in ....
　　　　S　　　　　　V

• one another は「お互い」の意。each other と同義。

> The beginning of love is to let those we love be perfectly themselves, and not to twist them to fit our own image.
>
> 愛の始まりは，愛する人が完全にその人のままでいられるようにすることであって，自分のイメージに合わせようとその人をねじ曲げることではありません。
>
> Thomas Merton　1915-1968　アメリカの修道士，作家

758 ☑	**beginning** [bigíniŋ]	名 始まり，最初 (の部分)
759 ☑	**perfectly** [pə́ːrfiktli]	副 完全に；まったく
760 ☑	**twist** [twíst]	他 をねじ曲げる；(糸など) をより合わせる 自 ねじれる　名 ねじれ
761 ☑	**fit** [fít]	他 に合わせる；に合う 自 ぴったり合う
762 ☑	**image** [ímidʒ]	名 イメージ；心象；画像

The beginning of love is to let ..., and not to twist ....
　　　　　　S　　　　　V　C　　　　　　　　C

1つ目の to 不定詞句内 let those we love be perfectly themselves
　　　　　　　　　　　　V　　O　　　　　　　C

- 2つの to 不定詞句 to let ...（…させること）と not to twist ～（～をねじ曲げないこと）が文の補語。〈let O＋動詞の原形〉は「O に自由に…させる」，those we love は「（自分が）愛する人」の意。

お気に入りの名言を書き込みましょう

Natalie Portman
（ナタリー・ポートマン）

1981-　イスラエル生まれの女優

1　　Many Hollywood actors have branched out into activism or
politics over the years, but few are as well respected as Natalie
Portman.

　　She starred in her first film, *Leon*, when she was just twelve years
5　old. Six years later, she became internationally famous for her role
as Padme Amidala in *Star Wars Episode 1*. The same year, she entered
Harvard University, graduating with a degree in Psychology in 2003,
while still continuing to film Star Wars movies. After Harvard, she
went on to star in numerous other films. Perhaps her most notable
10　role was in the movie *Black Swan*, for which she won best actress at
the 2011 Academy Awards.

　　She is a vegetarian and has worked on behalf of animal rights,
including producing a documentary on factory farming and
releasing her own brand of animal-friendly footwear.

15　　In addition, Portman is also noted for her anti-poverty activities
and works as an ambassador for FINCA International. This is an
organization that lends money to women in developing countries to
help them start their own businesses. One of the most powerful
voices in Hollywood, Natalie Portman continues to be a role model
20　for her generation.

156

Accept your lack of knowledge and use it as your asset.

自分の知識のなさを認めて，それを自分の取り柄として活用するのです。

長年にわたり，多くのハリウッド俳優が社会運動や政治活動に進出していますが，ナタリー・ポートマンほど大いに尊敬されている人物はほとんどいません。

彼女はわずか12歳で，初出演の映画『レオン』で主役を演じました。その6年後，彼女は『スター・ウォーズ エピソード1』のパドメ・アミダラ役で，国際的に有名になりました。同年，彼女はハーバード大学に入学し，スター・ウォーズ映画の撮影を続けながら，2003年に心理学の学位を取得して卒業しました。ハーバード卒業後，引き続き彼女は数多くの他の映画で主役を演じました。おそらく，彼女の最も有名な役は，映画『ブラック・スワン』で演じた役で，それにより，2011年アカデミー賞の主演女優賞を受賞しました。

彼女は菜食主義者であり，動物の権利のための活動を行っています。工業型畜産に関するドキュメンタリー映画を制作したり，動物の皮革を使用していない靴を扱う自身のブランドを発表したりなどしています。

さらにポートマンは貧困撲滅活動でも有名で，FINCA International の親善大使も務めています。これは，発展途上国の女性にお金を貸し付け，彼女たちが自らの事業を立ち上げるのを支援している団体です。ハリウッドで最も強力な発言者の1人であるナタリー・ポートマンは，同世代の人々の手本であり続けています。

→ナタリー・ポートマンの名言 p.220

語句・表現

ℓ.1 branch out「（新しい分野に）進出する」 ℓ.4, 9 star「（俳優などが）主演する」

ℓ.13 factory farming「工業型畜産」 ※効率性を重視した，集約型の畜産形態のこと。

文法

ℓ.2 few are as well respected as ～

「～ほど尊敬される人はほとんどいない」の意。few は「数がほとんどない」。

ℓ.7 ～ 8 graduating with ～ , while still continuing …

主節 she entered に続く分詞構文で，and she graduated with ～ と考えるとよい。

while 以降は while <u>she was</u> continuing … の she was が省略されている。

ℓ.10 , for which she won ～「それで～賞を獲得した」

関係代名詞の非制限用法。直前の the movie *Black Swan* に補足説明を加えている。

Close-up & Review　重要語句

　俳優業，学業，社会貢献活動と幅広く活躍するナタリー・ポートマンですが，その１つ１つが，彼女にとって自分らしくいられる在り方なのでしょう。仕事や趣味，スポーツ，ボランティアなど，それをしているときに「自分らしくいられる」と感じられる何かがあれば，人生は充実したものになるはずです。そしてそのことが，自分以外の他者に目を向けるきっかけになるのだと思います。

　さて，このページではナタリー・ポートマンのコラムに登場した次の語句を押さえましょう。

763	**film** [fílm]	名 映画，映像；フィルム 他 を撮影する　自 映画を撮る
764	**psychology** [saikálədʒi | -kɔ́l-]	名 心理学；心理 (状態)
	派 **psychological**	形 心理学の；心理的な
	派 **psychologist**	名 心理学者
765	**numerous** [njú:mərəs | njú:-]	形 多数の
766	**notable** [nóutəbl]	形 注目すべき，著名な
767	**actress** [ǽktrəs, -ris]	名 女優 ※近年では性別にかかわらず actor を用いる傾向がある。
768	**vegetarian** [vèdʒətéəriən]	名 菜食主義者 形 菜食主義の
769	参 **vegan**	名 完全菜食主義者　形 完全菜食主義者の ※肉・魚だけでなく卵・乳製品なども摂らない，より厳密な菜食主義者。
770	**documentary** [dàkjuméntəri | dɔ̀k-]	名 ドキュメンタリー，記録作品 形 ドキュメンタリーの
771	**noted** [nóutid]	形 有名な，著名な
772	**ambassador** [æmbǽsədər]	名 大使；代表

Chapter 7

自由・平等・平和

Freedom / Equality / Peace

> **All human beings are born free and equal in dignity and rights.**
>
> すべての人間は生まれながらにして自由であり，かつ，尊厳と権利とについて平等である。
>
> Universal Declaration of Human Rights（世界人権宣言）第1条

773	human being	名 人，人間
774	参 being	名 生き物；存在
775	be born 〜	〜で生まれる，生まれながらに〜である
776	equal [í:kwəl]	形 平等な；等しい / 他 に等しい
	派 equally	副 平等に；等しく
	派 equality	名 平等，対等

All human beings are born free and equal ....
S　　　　　　V　　C

> **We conclude that in the field of public education the doctrine of 'separate but equal' has no place.**
>
> 我々は，公教育の分野において「分離すれども平等」の原則は通用しないという結論に達している。
>
> Earl Warren　1891-1974　アメリカの政治家，法律家

777	conclude [kənklú:d]	他 と結論を下す / 自 (話などが〜で) 終わる
	派 conclusion	名 結論；結末
778	doctrine [dáktrin | dɔ́k-]	名 主義，基本原則
779	separate 形 [sépərət] 動 [sépərèit]	形 離れた，別々の / 他 を区別する；を分離する　自 分離する
	派 separation	名 分離，離脱

We conclude that ....　　that 節内 in ... the doctrine ... has no place
S　　V　　O　　　　　　　　　　　S'　　　V'　　O'

• 'separate but equal' は，かつては合憲とされていたアメリカの人種隔離政策の法原理。

No borders, just horizons — only freedom.

国境線はありません。ただ地平線があるだけ。自由があるだけ。

Amelia Earhart 1897-1937 アメリカの女性飛行士

780	**border** [bɔ́ːrdər]	名	国境（線），境界；へり，縁
781	**horizon** [həráizn]	名	〈the ～ で〉地平線，水平線；限界
	派 **horizontal**	形	水平の

- 文の形ではなく，見えたもの，あるいは存在するものを列挙した形。
- アメリカ・イアハートは女性として初めて大西洋単独横断飛行に成功したが，1937年，世界一周飛行の途上に太平洋上で消息を絶った。

Freedom is not worth having if it does not include the freedom to make mistakes.

過ちを犯す自由が含まれていないのなら，そんな自由は持つに値しません。

Mahatma Gandhi 1869-1948 政治指導者，「インド独立の父」

782	**worth** [wə́ːrθ]	前 形	～に値する 名 価値
		be worth ...ing	…する価値がある
783	**include** [inklúːd]	他	を含む，を含んでいる
	派 **including**	前	～を含めて，～などの
784	反 **exclude**	他	を除外する

Freedom is not worth having if it does not include the freedom to ....
　　S　　V　　　　C　　　　　　　S'　　V'　　　　　　O'

Lean liberty is better than fat slavery.

太った奴隷より痩せた自由のほうがましだ。

John Ray　1627-1705　イングランドの博物学者

785	**lean** [líːn]	形 痩せた，引き締まった 自 上体を曲げる；寄りかかる　他 を立てかける
786	**liberty** [líbərti]	名 自由；自由の権利
787	**fat** [fǽt]	形 太った；脂肪の多い
788	**slavery** [sléivəri]	名 奴隷であること；奴隷制度

Lean liberty is better than fat slavery.
　S　　　V　　C

The cold passion for truth hunts in no pack.

真実を求める冷静な情熱は，群れを成して狩りをしない。

Robinson Jeffers　1887-1962　アメリカの詩人

789	**passion** [pǽʃən]	名 情熱，激しい感情
790	**hunt** [hʌ́nt]	自 狩りをする，追う 他 を狩る
	派 **hunter**	名 狩りをする人
791	**pack** [pǽk]	名 (猟犬の) 群れ；(人の) 一団；1 箱 他 (箱・バッグなどに) を詰める

The cold passion ... hunts in no pack.
　　　S　　　　　　V

• cold は「冷静な」，for truth は「真実を求めて」の意。

> # I prefer to praise people and the world rather than criticize them and it.
>
> 私は人々や世界を批判するよりも，称賛するほうが好きです。
>
> Alice Walker　1944-　アフリカ系アメリカ人作家

792	**prefer** [prifə́ːr]	他 が好きである **prefer to ...**　むしろ…するほうを好む **prefer A to B**　B より A を好む
	派 **preference**	名 好み，好きであること
	派 **preferable**	形 好ましい
793	**criticize** [krítəsàiz]	他 を批判する，を非難する

I prefer to praise ... than (to) criticize ....
S V 　　　 O

- to praise と (to) criticize の 2 つの to 不定詞を比較している。rather than の後の to は省略されることが多い。them and it は people and the world を受けている。

> # Criticism should be a casual conversation.
>
> 批判は堅苦しくない会話であるべきだ。
>
> W. H. Auden　1907-1973　イングランド生まれのアメリカの詩人

794	**casual** [kǽʒuəl]	形 堅苦しくない；打ち解けた
	派 **casually**	副 気軽に；偶然に
795	反 **formal**	形 堅苦しい；正式の，公式の
796	**conversation** [kùnvərséiʃən | kɔ̀n-]	名 会話，おしゃべり

Criticism should be a casual conversation.
S 　　　 V 　　　　 C

> We do not comprehend everything, but we insult nothing.
>
> 我々はすべてを理解しているわけではないが，何事も侮辱しない。
>
> Victor Hugo　1802-1885　フランスの詩人，小説家

797 ☑	**comprehend** [kàmprihénd	kɔ̀m-]	他 をしっかりと理解する
	派 **comprehension**	名 理解 (力)
798 ☑	**insult** 動 [insʌ́lt]　名 [ínsʌlt]	他 を侮辱する
		名 侮辱

We do not comprehend everything, but we insult nothing.
S　　　　V　　　　　O　　　　　S　　V　　　O

- not ... everything は部分否定，nothing は全体否定。

> The chief cause of human errors is to be found in the prejudices picked up in childhood.
>
> 人間の誤りの主な要因は，子どもの頃に身につけた偏見にある。
>
> René Descartes　1596-1650　哲学者，「近代哲学の祖」

799 ☑	**chief** [tʃíːf]	形 主要な；最高位の
		名 (組織の) 長
800 ☑	類 **main**	形 主な；中心的な
801 ☑	**human** [hjúːmən	hjúː]	形 人間の；人間らしい
		名 人，人間
802 ☑	**error** [érər]	名 誤り，間違い
803 ☑	**childhood** [tʃáildhùd]	名 子ども時代，幼少期

The chief cause ... is to be found in ....
　　　　　S　　　　　　V

- 〈be to be ＋過去分詞〉は可能を表す形式ばった表現。is to be found in ～ は「～で見つかる，～にある」の意。
- picked up 以下は prejudices を修飾する過去分詞の句。

You can't shake hands with a clenched fist.

固く握られたこぶしとは握手できない。

Indira Gandhi 1917-1984 インド初の女性首相を務めた政治家

804 ☑	**shake** [ʃéik]	他 を振る 自 揺れる **shake hands** 握手する
	派 **shaken**	形 動揺した，おびえた
805 ☑	**fist** [físt]	名 握りこぶし，げんこつ

You can't shake hands with a clenched fist.
  S   V   O

- clench は「（手など）を固く握りしめる，（歯）をくいしばる」という意味があり，a clenched fist は胸襟を開いて話し合う意思を持たない態度を表している。

The first ingredient to being wrong is to claim that you are right.

間違いを犯す第一の要因は，自分が正しいと主張することだ。

Criss Jami 1987- アメリカの詩人，作家

806 ☑	**ingredient** [ingríːdiənt]	名 要因；（料理などの）材料；成分
807 ☑	**claim** [kléim]	他 と主張する；を要求する 名 主張，要求
808 ☑	類 **insist**	自 主張する；要求する 他 と主張する

The first ingredient ... is to claim that			that 節内 you are right		
S	V	C	S'	V'	C'

7

自由・平等・平和

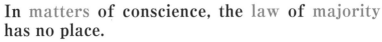
In matters of conscience, the law of majority has no place.

良心の問題においては，多数決の法則は存在の余地がありません。

Mahatma Gandhi 1869-1948 政治指導者，「インド独立の父」

809 ☑	**matter** [mǽtər]	名 問題，事柄；〈通例複数形で〉事態
		自 重要である
810 ☑	**law** [lɔ́ː]	名 規則；法律
811 ☑	**majority** [mədʒɔ́ːrəti | -dʒɔ́r-]	名 過半数；大多数
	派 **major**	形 主要な；大きいほうの 自 専攻する
812 ☑	反 **minority**	名 少数 (派)

... , the law of majority has no place.
　　　　　　　　S　　　　　V　　O

• have no place は「(主語) は受け入れられない，存在の余地がない」などの意。

Governments have their origin in the moral identity of men.

政府はその起源を，人間の道徳的アイデンティティに持つ。

Ralph Waldo Emerson 1803-1882 アメリカの思想家，詩人

813 ☑	**government** [gʌ́vərnmənt]	名 政府；統治
	派 **govern**	他 を治める，を統治する
814 ☑	**origin** [ɔ́ːrədʒin, ár- | ɔ́r-]	名 起源，由来；生まれ
815 ☑	**identity** [aidéntəti]	名 アイデンティティ；身元
	派 **identify**	他 を同一人物だと確認する；を特定する
	派 **identification**	名 身分証明 (書)

Governments have their origin in ....
　　　　S　　　　V　　　O

166

The function of good journalism is to take information and add value to it.

優れたジャーナリズムの機能は，情報を入手しそれに価値を付加することである。

John Chancellor 1927-1996 ニュースキャスター，ジャーナリスト

816 ☑	**function** [fʌ́ŋkʃən]	图 機能，作用 圓 機能する，作用する
817 ☑	**journalism** [dʒə́ːrnəlìzm]	图 ジャーナリズム，報道
	派 **journalist**	图 ジャーナリスト，報道関係者
818 ☑	**information** [ìnfərméiʃən]	图 情報
819 ☑	**add** [ǽd]	他 を加える **add A to B** A を B に加える
	派 **addition**	图 追加；足し算
820 ☑	參 **in addition**	その上

The function of good journalism is to take information and add value to it.
　　　　　　S　　　　　　　V　　　　　　　　C

• take information は「情報を入手する」の意。

The present crisis of Western democracy is a crisis in journalism.

西欧民主主義の現在の危機は，ジャーナリズムの危機である。

Walter Lippmann 1889-1974 ジャーナリスト，政治評論家

821 ☑	**crisis** [kráisis]	图 危機，重大局面
822 ☑	**Western** [wéstərn]	形 西洋の，欧米の；西の
823 ☑	反 **Eastern**	形 東洋の；東の
824 ☑	**democracy** [dimάkrəsi ǀ -mɔ́k-]	图 民主主義 (国家) **Western democracy** 西欧民主主義

The present crisis ... is a crisis in journalism.
　　　　　S　　　　　　V　　C

7 自由・平等・平和

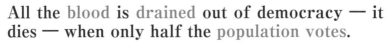

All the blood **is** drained **out of democracy — it dies — when only half the** population votes.

住民の半数しか投票しなければ，すべての血が民主主義から流れ出て，それは死んでしまう。

Hunter S. Thompson　1937-2005　アメリカのジャーナリスト

825 ☑	**blood** [blʌ́d]	名 血，血液
826 ☑	参 **bone**	名 骨
827 ☑	**drain** [dréin]	他 を排出させる 自 (液体が) 流れ出る
828 ☑	**population** [pàpjuléiʃən | pɔ̀p-]	名 人口；全住民
829 ☑	**vote** [vóut]	自 投票する　他 に投票する 名 投票

All the blood is drained ... — it dies — when only ... population votes.
　　　 S　　 V　　　　　　 S V　　　　　　　　　 S'　　　 V'

• when は「…ならば」の意味で，if よりも確実性が高い条件を表す。

The basis **of a** democratic state **is liberty.**

民主主義国家の基礎は自由である。

Aristotélēs　紀元前 384-322　古代ギリシアの哲学者

830 ☑	**basis** [béisis]	名 基礎；原理；根拠
831 ☑	**democratic** [dèməkrǽtik]	形 民主主義の；民主的な
832 ☑	**state** [stéit]	名 国家；州；状態

The basis of a democratic state is liberty.
　　　　　　 S　　　　　　　 V　C

> # There's a tremendous gap between public opinion and public policy.
>
> 世論と公共政策には，非常に大きな隔たりがある。
>
> Noam Chomsky　1928-　アメリカの言語学者，論理学者

833 ☑	**tremendous** [trəméndəs, tri-]	形 すさまじい，巨大な
834 ☑	**gap** [gǽp]	名 相違，隔たり；隙間
835 ☑	**public** [pʌ́blik]	形 公的な，公共の；一般の人々の 名 大衆
836 ☑	反 **private**	形 私用の，個人的な
837 ☑	**opinion** [əpínjən]	名 意見；評価；世論

There's a tremendous gap between public opinion and public policy.

　　　V　　　　　　　 S

> # The most radical revolutionary will become a conservative on the day after the revolution.
>
> 最も急進的な革命家でも，革命の翌日には保守的な人間になるでしょう。
>
> Hannah Arendt　1906-1975　ユダヤ人政治哲学者

838 ☑	**radical** [rǽdikəl]	形 急進的な；根本的な
839 ☑	**revolutionary** [rèvəljúːʃənèri | -ʃənəri]	名 革命家 形 革命の；革命的な
840 ☑	**conservative** [kənsɚ́ːvətiv]	名 保守的な人 形 保守的な；伝統的な
	派 **conservation**	名 (自然の) 保護，(文化財などの) 保存
	派 **conserve**	他 (資源など) を大切に使う；を保護する
841 ☑	**revolution** [rèvəljúːʃən]	名 革命

The ... revolutionary will become a conservative on ....

　　　　　　S　　　　　　　　 V　　　　 　　C

7

自由・平等・平和

A man may die, nations may rise and fall, but an idea lives on. Ideas have endurance without death.

人は死ぬかもしれないし，国は興り，そして滅びるかもしれない。しかし思想は
生き続ける。思想には死なずに耐える力がある。

John F. Kennedy　1917-1963　第35代アメリカ合衆国大統領

842	**nation** [néiʃən]	名 国，国家
843	**endurance** [indʒúərəns	-djúər-]	名 我慢，忍耐 (力)
派	**endure**	他 に耐える　自 存続する

A man may die, nations may rise and fall, but an idea lives on. Ideas have endurance ....
　　S　　　V　　　　S　　　　　V　　　　　　　S　　　　V　　　S　　V　　　O

• rise and fall は「(国が) 興り，そして滅びる」の意。

An invasion of armies can be resisted, but not an idea whose time has come.

軍隊の侵入は抵抗されることがあるが，機が熟した思想は抵抗されない。

Victor Hugo　1802-1885　フランスの詩人，小説家

844	**invasion** [invéiʒən]	名 侵入，侵略；殺到
派	**invade**	他 を侵略する，に侵入する
845	**army** [áːrmi]	名 軍隊；陸軍
846	参 **military**	形 軍の；軍人の　名 〈集合的に〉軍
847	**resist** [rizíst]	他 に抵抗する 自 抵抗する，反抗する
派	**resistance**	名 抵抗，反抗

An invasion ... can be resisted, but not an idea [whose time has come].
　　S　　　　　　　V　　　　　　　　S　　　[S]　　　　[V]

• but 以降は，an idea ... cannot be resisted (…な思想は抵抗されない) ということ。

170

Whether you have — or want — kids, you will benefit by living in a more evolved world with policies not based on gender.

子どもがいてもいなくても，欲しくても欲しくなくても，ジェンダーに左右されない政策のある，より発展した世界で生きることで恩恵を受けるでしょう。

Anne Hathaway　1982-　アメリカの女優

848 ☑	**benefit** [bénəfit]	🔵 利益を得る　🔶 の利益になる 🔷 利益，恩恵
849 ☑	**evolve** [ivάlv | ivɔ́lv]	🔶 を発展させる；を進化させる 🔵 進化する
派	**evolution**	🔷 進化
850 ☑	**policy** [pάləsi | pɔ́l-]	🔷 政策，方針
851 ☑	**gender** [dʒéndər]	🔷 （文化的・社会的）性，ジェンダー

7

自由・平等・平和

Whether you have — or want — kids, you will benefit by ....
　　　S'　V'　　　　　V'　　　O　　S　　V

- more evolved と with policies は world を修飾し，not based on gender は policies を修飾している。
- 映画『プラダを着た悪魔』などで知られるアン・ハサウェイは，UN Women の親善大使として活動している。上記は有給育児休業を推進するスピーチの一部。

Love is a human experience, not a political statement.

愛は人間の体験であって，政治的な声明ではありません。

Anne Hathaway　1982-　アメリカの女優

852 ☑	**political** [pəlítikəl]	🔺 政治的な；政治の
派	**politics**	🔷 政治，政治活動
853 ☑	**statement** [stéitmənt]	🔷 声明；陳述；報告書

Love is a human experience, not a political statement.
　S　V　　　　C

- アン・ハサウェイは，LGBTQ コミュニティーへの支援活動も積極的に行っている。

Money can be more of a barrier between people than language or race or religion.

お金は，言語や人種や宗教よりも，人と人の間の壁になることがある。

Vera Caspary 1899-1987 アメリカの小説家，脚本家

854	**barrier** [bǽriər]	图 障壁；防壁
855	**race** [réis]	图 人種，民族
	派 **racial**	形 人種（間）の，民族の
856	**religion** [rilídʒən]	图 宗教；信仰
	派 **religious**	形 宗教の；信心深い

Money can be more of a barrier ....
　　S　　V　　　　　C

• more (of) A than B は「B よりむしろ A」と通例 A と B を比較するが，ここでは主語 money と language, race, religion を比較している。

We may have different religions, different languages, different colored skin, but we all belong to one human race.

私たちは宗教が違い，言語が違い，肌の色が違うかもしれません。でも，私たちは皆，1つの人種に属しているのです。

Kofi Annan 1938-2018 ガーナ出身の第7代国連事務総長

| 857 | **skin** [skín] | 图 肌，皮膚；皮 |
| 858 | **belong** [bilɔ́ːŋ, -láŋ \| -lɔ́ŋ] | 自 所属する，一員である **belong to 〜** 〜に属している |

We may have different ... skin, but we all belong to ....
　　S　　V　　　　O　　　　　　　S　　V

Share our similarities, celebrate our differences.

私たちの似ているところを分かち合い，違っているところをたたえよう。

M. Scott Peck　1936-2005　アメリカの精神科医，作家

859 □	**share** [ʃéər]	他 を共有する；を分かち合う 自 共有する
860 □	**similarity** [sìməlǽrəti]	名 類似点；類似 (性)
	派 **similar**	形 似ている
	派 **similarly**	副 同様に
861 □	**celebrate** [séləbrèit]	他 を祝う；を賛美する 自 祝う
	派 **celebration**	名 祝賀会；称賛
862 □	**difference** [dífərəns]	名 違い，相違

Share our similarities, celebrate our differences.
　　V　　　　O　　　　　V　　　　　O

• 対照する 2 つの節を，例外的にコンマで結んでいる。

In diversity there is beauty and there is strength.

多様性の中には美しさがあり，そして力強さがあります。

Maya Angelou　1928-2014　詩人，作家，公民権運動家

863 □	**diversity** [divə́ːrsəti | dai-]	名 多様性
	派 **diverse**	形 多様な；異なった
864 □	類 **variety**	名 多様性；変化に富むこと
865 □	**strength** [stréŋkθ]	名 力，強さ；長所
	派 **strengthen**	他 を強化する　自 強くなる

In diversity there is beauty and there is strength.
　　　　　　　　　　V　　S　　　　　　　V　　S

• 場所を表す in diversity が強調されて文頭に来ている。there is を繰り返すことで beauty と
strength それぞれが "ある" と印象づけている。

7

自由・平等・平和

A developed country isn't a place where the poor have cars. It's where the rich use public transportation.

先進国とは貧しい人々が車を所有している場所ではない。裕福な人々が公共交通機関を利用している場所である。

Gustavo Petro　1960-　コロンビアの政治家

866 ☑	**developed** [divéləpt]	形 発達した，先進の
867 ☑	反 **developing**	形 発展途上の；成長しつつある
868 ☑	**poor** [púər | pɔ́ː]	形 貧しい，貧乏な
869 ☑	**transportation** [trænspərtéiʃən, -pɔːt-]	名 交通機関，輸送 (手段)

A developed country isn't a place [where the poor have cars].
　　　　　S　　　　　　V　　C　　　　　　　[S]　　[V]　[O]

It's (a place) [where the rich use public transportation].
SV　　C　　　　　　[S]　　[V]　　　　[O]

- 2つの where は関係副詞で，先行詞 place を修飾し，どんな場所かを説明している。2文目は a place が省略されている。

- 〈the ＋形容詞〉は「～な人々」を表し，the poor は「貧しい人々」，the rich は「裕福な人々」の意。複数名詞扱いのため，動詞 have, use には三単現の s はついていない。

People were poor not because they were stupid or lazy. They were poor because the financial institution in the country did not help them widen their economic base.

人々が貧しかったのは，彼らが愚かだったからでも怠け者だったからでもありません。その国の金融機関が，人々が経済的基盤を広げるのを援助しなかったから貧しかったのです。

Muhammad Yunus　1940-　グラミン銀行の創設者

870 ☑	**lazy** [léizi]	形 怠惰な，だらしない
871 ☑	**financial** [finǽnʃəl, fai-]	形 金融の，財政上の
	派 **finance**	名 財政 (状況)
872 ☑	**institution** [ìnstətjúːʃən | -tjúː-]	名 機関，組織
	派 **institute**	名 協会，研究所
873 ☑	**economic** [ìkənámik, èkə- | -nɔ́m-]	形 経済の；経済学の

People were poor not because they were stupid or lazy.
　S　　V　　C　　　　　　S'　　V'　　C'

They were poor because the ... country did not help them widen ....
　S　　V　　C　　　S'　　　　　V'　　　　O'　　C'

- People〔They〕were poor という繰り返しに，not because と because を続けることで対比を際立たせている。
- 〈help O +動詞の原形〉は「O が…するのを助ける」の意。
- ムハマド・ユヌスは，少額融資によって貧困層の自立を支援するグラミン銀行の創設により，ノーベル平和賞を受賞している。

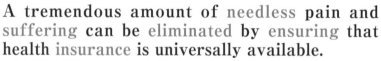

> A tremendous amount of needless pain and suffering can be eliminated by ensuring that health insurance is universally available.
>
> 誰もが健康保険を利用できると保証することによって，非常に多くの不必要な痛みや苦しみを取り除くことができる。
>
> Daniel Kahikina Akaka　1924-2018　アメリカ・ハワイ州出身の政治家

874	**needless** [níːdlis]	形 無用の，不要の
875	**suffering** [sʌ́fəriŋ]	图 苦しみ；苦痛
876	**eliminate** [ilímənèit]	他 を取り除く
877	**ensure** [inʃúər | -ʃɔ́ː]	他 を確実にする；と保証する
878	**insurance** [inʃúərəns]	图 保険，保険契約

A ... suffering can be eliminated by ensuring that ....
　　　S　　　　　　V

- that 節は ensuring の目的語で，health insurance(S) is(V) available(C) という構造。
- universally は「万人に，例外なく」の意。
- 日本のように国民皆保険制度を導入している国と異なり，アメリカでは，公的保険制度の拡充が長きにわたる政治課題となっている。

> I donate lots to charity. I don't necessarily tell everybody the number or what I do.
>
> 私は慈善事業にたくさん寄付をしています。でも必ずしもその数や私のすること を皆に話すわけではありません。
>
> Lindsay Davenport　1976-　アメリカの元テニス選手

879 ☑	**donate** [dóuneit | -⌐]	他 を寄付する，（血液・臓器など）を提供する
	派 **donation**	名 寄付，寄付金
880 ☑	**charity** [tʃǽrəti]	名 慈善（事業），チャリティ
881 ☑	**necessarily** [nèsəsérəli | nésəsər-]	副〈否定文で〉必ずしも（…ない）；〈肯定文で〉必然的に

I donate lots .... I don't ... tell everybody the number or what I do.
S　V　O　　　S　V　　　　　O　　　　　　　O

• not necessarily ... は部分否定。what I do は「私のすること」の意。

> Always find opportunities to make someone smile, and to offer random acts of kindness in everyday life.
>
> 誰かを笑顔にし，日々の生活の中で手当たり次第に親切な行為を行う機会をいつ も見つけなさい。
>
> Roy T. Bennett　生年不詳　*The Light in the Heart* 著者

882 ☑	**offer** [ɔ́:fər | ɔ́f-]	他 を提供する；を申し出る　自 援助を申し出る 名 申し出，提案
883 ☑	**random** [rǽndəm]	形 手当たり次第の；無作為の，任意の
884 ☑	**act** [ǽkt]	名 行為，行動 自 行動する　他 を演じる

Always find opportunities to make ..., and to offer ....
　　　　V　　O

• opportunities を to make(V) someone(O) smile(C) と，to offer(V) random acts(O) ... という 2 つの to 不定詞句が修飾している。

自由・平等・平和

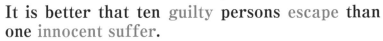
> **It is better that ten guilty persons escape than one innocent suffer.**
> 罪のない1人が苦しむより，罪を犯した10人が逃げるほうがましだ。
> William Blackstone 1723-1780 イングランドの法学者

885	**guilty** [gílti]	形 有罪の；罪の意識がある
	派 **guilt**	名 有罪；罪悪感
886	**escape** [iskéip, es-]	自 逃げる 他 を免れる，を逃れる 名 逃亡，逃避
887	**innocent** [ínəsənt]	形 無罪の；無邪気な
	派 **innocence**	名 無罪；無邪気
888	**suffer** [sʌ́fər]	自 苦しむ **suffer from ~** ～に苦しむ 他 （被害・苦痛など）を受ける

It is better that ... escape than one innocent (person) suffer.
S V   C   真主語   S'   V'

- ten guilty persons(S) escape(V) と，one innocent(S) suffer(V)が比較されている。
- 現代では suffers が普通だが，上記では仮定法現在が用いられており，s がついていない。

> **There is no flag large enough to cover the shame of killing innocent people.**
> 罪のない人々を殺めるという不名誉を覆い隠すほど大きな旗などありません。
> Howard Zinn 1922-2010 アメリカの歴史家，政治学者

889	**flag** [flǽg]	名 旗；（旗が表す）国，組織
890	**cover** [kʌ́vər]	他 を覆う；に及ぶ；を補う 名 カバー
891	**shame** [ʃéim]	名 不名誉；恥

There is no flag large enough to ....
     V   S

- 名詞を修飾する形容詞に，程度を表す enough to ...（…するのに十分なほど）を加えるときは，〈（冠詞）＋名詞＋形容詞＋ enough to ...〉の語順。

178

> The global response to global terrorism must not endanger fundamental human rights and freedoms.
>
> 世界的なテロ行為に対する世界の応答は，基本的人権や自由を危険にさらしてはならない。
>
> Stjepan Mesić　1934-　クロアチアの元大統領

892	**response** [rispáns | -spɔns]	名 応答；反応 **response to ～**　～への応答
893	**terrorism** [térərìzm]	名 テロ (行為)
	派 **terror**	名 恐怖；恐ろしいもの〔こと〕
894	**endanger** [indéindʒər]	他 を危険にさらす
	派 **endangered**	形 絶滅危惧の
895	**fundamental** [fʌndəméntl]	形 基本的な，根本的な 名 基本 (原理)

The global response ... must not endanger fundamental ... freedoms.
　　　　S　　　　　　　　　V　　　　　　　　　O

> Our experience shows that security does not lie in weapons or fences or armies.
>
> 安全は武器や柵や軍隊の中にはないということを，我々の経験が示している。
>
> Óscar Arias　1940-　コスタリカの元大統領，ノーベル平和賞受賞者

896	**security** [sikjúərəti]	名 安全；保証；防衛
	派 **secure**	形 安全な；安定した　他 を (苦労して) 確保する
897	**weapon** [wépən]	名 武器，兵器
898	**fence** [féns]	名 囲い，柵

Our experience shows that ....　　　that 節内 security does not lie in ...
　　　S　　　　　V　　　　O　　　　　　　　S'　　　　　V'

> You have to be willing to sacrifice as much to prevent war, as soldiers are willing to sacrifice to wage war.
>
> 兵士が戦争をするために犠牲を払うのをいとわないのと同じくらい，戦争を阻止するために犠牲を払おうとしなければなりません。
>
> Jodie Evans 1954- アメリカの平和活動家

899	**willing** [wíliŋ]	形 自発的な **be willing to ...** …するのをいとわない，…してもよいと思う
900	**prevent** [privént]	他 を阻止する，を妨げる
	派 **prevention**	名 予防
901	**soldier** [sóuldʒər]	名 兵士；軍人
902	**wage** [wéidʒ]	他 を行う，を遂行する 名 賃金

You have to be willing to sacrifice as much ..., as soldiers are willing to sacrifice ....
　S　　　　V　　　C　　　　　　　　　　　　　S'　　V'　 C'
• as much as ～「～と同じくらい多く」の構文で，節と節を比較している。

The combination of hatred and technology is the greatest danger threatening mankind.

憎しみと技術の組み合わせは，人類を脅かす最大の危険だ。

Simon Wiesenthal　1908-2005　強制収容所を生き延びたユダヤ教徒

903 ☑	**combination** [kàmbənéiʃən | kɔ̀m-]	名 組み合わせ，結合
904 ☑	**hatred** [héitrid]	名 憎しみ，憎悪
	派 **hate**	他 を憎む，をひどく嫌う　名 憎しみ
905 ☑	**danger** [déindʒər]	名 危険 (性)，危険なもの
	派 **dangerous**	形 危険な
906 ☑	**threaten** [θrétn]	他 を脅かす
	派 **threat**	名 脅し；(悪い) きざし

The combination ... is the greatest danger threatening mankind.
　　　S　　　　　V　　　　　　C

• threatening mankind は danger を修飾する現在分詞の句。

Love is the only force capable of transforming an enemy into a friend.

愛は敵を友人に変えることができる唯一の力だ。

Martin Luther King, Jr.　1929-1968　牧師，公民権運動家

907 ☑	**transform** [trænsfɔ́rm]	他 を変形させる **transform A into B**　A を B に変化させる
	派 **transformation**	名 変化，一変
908 ☑	**enemy** [énəmi]	名 敵，かたき

Love is the only force [(that is) capable of ...].
　S　V　　　C　　　　[S] [V]　[C]

• 〈関係代名詞＋be 動詞〉は省略されることがある。上記はその例で，結果として先行詞 force を
形容詞句 capable of ... が後ろから修飾する形になっている。

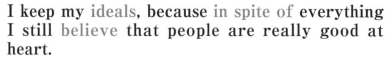

I keep my ideals, because in spite of everything I still believe that people are really good at heart.

私は理想を抱き続けています。何があっても，人は心の底では本当に素晴らしいと今も信じているからです。

Anne Frank　1929-1945　『アンネの日記』を残したユダヤ系の少女

909	**ideal** [aidíːəl | -díəl]	名 理想；理想的な人〔もの〕
		形 理想的な
	派 **ideally**	副 理想的に；理想を言えば
910	**in spite of ～**	～にもかかわらず；～をものともせず
911	類 **despite**	前 ～にもかかわらず
912	**believe** [bilíːv, bə-]	他 を信じる；と思う　自 信じる
		believe in ～　～の存在・価値を信じる

I keep my ideals, because ... I still believe that ....
　S　　V　　　O　　　　　　　　　　S'　　　V'　　O'

- because の後の in spite of everything は挿入句。believe の目的語は，people(S) are(V) good(C) の that 節。at heart は「心の底では，内心は」の意。

Everyone wants a hug and kiss. It translates into any language.

誰もがハグとキスを望んでいます。それはどんな言語にも翻訳できます。

Georgette Mosbacher　1947-　アメリカの起業家，駐ポーランド大使

913	**hug** [hʌ́g]	名 ハグ，抱擁
		他 を抱きしめる　自 抱き合う
914	**kiss** [kís]	名 キス
		他 にキスをする　自 キスする
915	**translate** [trǽnsleit, trǽnz-, -´-]	自 （文章などが）翻訳できる；翻訳する
		他 を翻訳する
	派 **translation**	名 翻訳

Everyone wants a hug and kiss. It translates into any language.
　　　S　　　V　　　O　　　　S　　V

- hug and kiss でひとかたまりのため，a は hug の前のみにつき，単数の it で受けている。

A refugee is someone who survived and who can create the future.

難民とは，生き延びた人であり，未来を作り出すことができる人です。

Amela Koluder　生年不詳　ボスニア・ヘルツェゴビナ出身の活動家

916	**refugee** [rèfjudʒí:]	图 難民，避難民
	派 **refuge**	图 避難 (所)
917	**survive** [sərváiv]	自 生き残る
		他 を生き延びる
	派 **survivor**	图 生き残った人，生存者
918	**future** [fjú:tʃər]	图 〈通例 the 〜で〉未来，将来 (性)
		形 未来の，今後の

A refugee is someone [who survived] and [who can create the future].
　　　S　　V　　C　　 [S]　　[V]　　　　　 [S]　　 [V]　　　 [O]

• who で始まる 2 つの関係詞節が，先行詞 someone を修飾している。

The protection of refugees and the search for solutions to their problems have remained our central objectives.

難民の保護と難民問題に対する解決策の探求は，依然として我々の主要な目標です。

Ogata Sadako　1927-2019　日本人初・女性初の国連難民高等弁務官

Close-up & Review 緒方貞子 p.184

919	**protection** [prətékʃən]	图 保護
	派 **protect**	他 を保護する，を守る
920	**search** [sə́ːrtʃ]	图 探求；捜索；検索
		他 を捜す；を検索する
921	**central** [séntrəl]	形 主要な，重要な；中央にある

The protection ... problems have remained our central objectives.
　　　　　S　　　　　　 V　　　　　　 C

自由・平等・平和

7

183

Ogata Sadako
（緒方 貞子）

1927-2019　日本人初・女性初の国連難民高等弁務官

1　　Ogata Sadako worked tirelessly over her long career for the
benefit of people suffering from poverty and the effects of war.
848　　　　　　　　888　　　　　192　　　　　　1164
She is one of the most admired Japanese people, both
internationally and domestically.

5　　As the daughter of a diplomat, she spent time as a child in the
US and China. She went to the US again after graduating from
1100
university in Japan. She earned her doctorate from the University of
088
California before returning to Japan for a career as an academic.
382　　　　　505

In 1991 she became the first female UNHCR. She was to serve
1191　　　　　　　　　　713
10　　until 2000 in a decade that saw three major humanitarian crisis: the
984　　　　　　　811　　　　　　　821
refugee crisis following the war in Iraq, the civil wars in the former
916　　821　　374　　　　　　　　　1173　　　　　579
Yugoslavia and the problems following the genocide in Rwanda.
175　　　374

Respected both by the UN and world leaders, her colleagues
402
described her as a five-foot giant. This referred to her tough
289　　　　　　　　　　101
15　　negotiating skills and ability to face hostile parties. When asked
082
what motivated her, she said her thoughts were "centered on
116　　　　　　044
providing security for refugees and giving them opportunities to
1144　　896　　　　916　　　　　　　158
lead happier lives." The world was sad to hear of her death in 2019
and remembered her career as a compassionate diplomat who
382
20　　made a difference.
862

The faces of refugees have been the clearest mirrors of our failures, and of our successes.

難民たちの表情は，私たち（UNHCR）の失敗と成功を，最も鮮明に映し出す鏡です。

　　緒方貞子は，その長いキャリアを通じて，貧困や戦争の影響に苦しむ人々の利益のために，休むことなく活動してきました。彼女は，国際的にも，国内的にも，最も称賛されている日本人の１人です。

　　外交官の娘として，彼女は幼少期をアメリカと中国で過ごしました。日本の大学を卒業した後，彼女は再びアメリカに渡りました。学者としてのキャリアのために日本に帰国する前に，彼女は，カリフォルニア大学で博士号を取得しました。

　　1991年には，女性として初の国連難民高等弁務官に就任しました。彼女は，３つの深刻な人道的危機を目撃した2000年までの10年間の任期を務めることになりました。その３つとは，イラク戦争後の難民危機，旧ユーゴスラビアの内戦，そしてルワンダ大虐殺後の問題です。

　　国連，そして世界の指導者の両方から尊敬され，同僚たちは彼女のことを「5フィートの巨人」と表現しました。これは，彼女のたくましい交渉力や敵意を持った相手と向き合う能力に言及したものでした。何が彼女をやる気にさせるのかと尋ねられたとき，彼女は，自分の考えは「難民に安全を提供すること，そして彼らにより幸福な生活を送る機会を与えることに集中している」のだと述べました。2019年，彼女の逝去を耳にして，世界の人々が悲しみ，変革をもたらした思いやりのある外交官としての彼女の生涯（の仕事）を追悼しました。

→緒方 貞子の名言 p.183

語句・表現

ℓ.1 tirelessly「休むことなく」　ℓ.7 doctorate「博士号」

ℓ.10 a decade that saw ～「～を目撃した10年間」※ see は「（時代が）～を目撃する」。

ℓ.12 genocide「大虐殺」　ℓ.20 make a difference「変化をもたらす，影響を及ぼす」

文法

ℓ.13 ～ 14 Respected ～ , her colleagues described her …

　　分詞構文の主語が省略されている場合，通常は主節の主語と一致するが，例外的に一致していない。Respected（尊敬されて）の主語は緒方貞子で，主節の主語は her colleagues。

ℓ.15 ～ 16 When asked ～ , she said …「～かと尋ねられたとき，…だと述べた」

　　when の後に，主節と同じ主語と be 動詞 she was が省略されている。

Close-up & Review　重要語句

　緒方貞子は，女性初，そして日本人初の国連難民高等弁務官（UNHCR）として，国際平和に尽力した人物です。晩年には国際協力機構（JICA）の理事長も務めました。流暢な英語で世界に向けてアピールし，難民へ温かな眼差しを注ぐ彼女の姿は，国際協力分野で活動する多くの人の目標であり続けています。世界が新たな局面を迎え，難民支援が全人類的な課題となる中，彼女の言葉に耳を傾けることには大きな意義があるでしょう。

　さて，このページでは緒方貞子のコラムに登場した次の語句を押さえましょう。

922	**admire** [ædmáiər | əd-]	他 を敬服する，を称賛する
923	**internationally** [ìntərnǽʃənəli]	副 国際的に
	派 **international**	形 国際的な，国家間の
924	**domestically** [dəméstikəli]	副 国内で；家庭内で
	派 **domestic**	形 国内の，国産の；家庭の
925	**diplomat** [dípləmæt]	名 外交官
926	**colleague** [káliːg | kɔ́l-]	名 同僚
927	**negotiate** [nigóuʃièit]	自 交渉する，協議する 他 を（交渉によって）取り決める
928	**hostile** [hɑ́stl | hɔ́stail]	形 敵意のある，反感を持った
929	**compassionate** [kəmpǽʃənət]	形 思いやりのある，情け深い
	派 **compassion**	名 思いやり，同情

Chapter 8

文化・芸術

Culture / Art

名言♪081
単語♪081t

> The purpose of art is washing the dust of daily life off our souls.
>
> 芸術の目的は，日常生活のほこりを私たちの魂から洗い落とすことだ。
>
> Pablo Picasso　1881-1973　20世紀最大の画家

Close-up & Review　パブロ・ピカソ p.208

930 dust [dʌ́st]	图 ほこり，ちり
931 daily [déili]	形 日常の，毎日の 副 毎日
932 soul [sóul]	图 魂，精神

The purpose of art is washing the dust of daily life off our souls.
　　　S　　　V　　　　　　　C

- wash A off B は「A を B から洗い落とす」の意。

> What does art do for us? It gives shape to our emotions.
>
> 芸術は，私たちのために何をするでしょう。それは，私たちの感情に形を与えてくれます。
>
> Muriel Barbery　1969-　フランスの著述家

933 shape [ʃéip]	图 形，輪郭 他 を形成する
934 emotion [imóuʃən]	图 感情；感動
派 emotional	形 感情的な；感動的な

What does art do for us? It gives shape to our emotions.
　O　　　S V　　　S V　O

- give shape to ～ は「～を明確に表現する，～を具体化する」の意。

Art is a spiritual function of man, which aims at freeing him from life's chaos.

芸術は人間の精神的な機能であり，人間を生活の混乱から自由にすることを目的としている。

Kurt Schwitters　1887-1948　ドイツの芸術家

935 ☑	**spiritual** [spírit∫uəl]	形 精神的な，霊的な
936 ☑	**chaos** [kéias | -ɔs]	名 混乱，無秩序

Art is a spiritual function of man [, which aims ...].
S　V　　　　　　　　C　　　　　　[S]　[V]

- ,which は関係代名詞の非制限用法で，補足的な説明をつけ加えている。
- aim at ...ing は「…することを目的とする」の意。

Artists are the traditional interpreters of dreams and nightmares.

芸術家は，夢と悪夢の伝統的な通訳者なのです。

Doris Lessing　1919-2013　イギリスの小説家

937 ☑	**traditional** [trədí∫ənl]	形 伝統的な，慣習の
	派 **tradition**	名 伝統
938 ☑	**interpreter** [intə́ːrpritər]	名 通訳者，解説者
	派 **interpret**	他 を通訳する，を解釈する
	派 **interpretation**	名 通訳，解釈
939 ☑	**nightmare** [náitmèər]	名 悪夢，恐ろしい体験

Artists are the traditional interpreters ....
S　V　　　　　C

Music is an ocean, but the repertory is hardly even a lake; it is a pond.

音楽は大洋だが，レパートリーは湖ですらとうていない。それは池だ。

Aldous Huxley　1894-1963　イギリス生まれの著述家

940 ☑	**hardly** [hάːrdli]	副 ほとんど…ない，とうてい…ない ※ not より弱い否定を表す。
941 ☑	**lake** [léik]	名 湖
942 ☑	**pond** [pάnd | pɔ́nd]	名 池，沼

Music is an ocean, but the repertory is ... a lake; it is a pond.
　　　S　V　C　　　　　S　V　　C　S V　C

- ocean は通例 the がついて「海，大洋」という意味を表すが，ここでは an ocean と不定冠詞がついており，「大きな広がり」を比喩的に表していると考えられる。
- repertory（レパートリー）は，「音楽や演劇などで上演可能な演目」のこと。

Music gives a soul to the universe, wings to the mind, flight to the imagination and life to everything.

音楽は，世界に魂を，心に翼を，想像力に飛翔を，そしてあらゆるものに命を与える。

Plátōn　紀元前 427-347 頃　古代ギリシアの哲学者

943 ☑	**universe** [júːnəvə̀ːrs]	名 〈the ～で〉全世界，宇宙
944 ☑	参 **galaxy**	名 銀河，星雲
945 ☑	**wing** [wíŋ]	名 翼，羽
946 ☑	**flight** [fláit]	名 飛行；飛行機旅行；航空便

Music gives a soul ..., wings ..., flight ... and life ....
　　　S　V　　O　　　O　　　O　　　　O

- give の目的語が4つあり，それぞれを与える対象を to ～ で表している。

190

The dance is a poem of which each movement is a word.

ダンスは詩であり，動きの1つ1つが言葉なのです。

Mata Hari　1876-1917　オランダ生まれのダンサー

947 ☑	**poem** [póuəm]	图 (1 編の) 詩
	派 **poet**	图 詩人
948 ☑	**movement** [múːvmənt]	图 動き，動作
	派 **move**	自 動く；引っ越す　他 を動かす；を感動させる

The dance is a poem [of which each movement is a word].
　S　 V　C　　　　　　　　　　　[S]　　　[V]　[C]

In the valley of sorrow, spread your wings.

悲しみの谷で，あなたの翼を広げなさい。

Susan Sontag　1933-2004　アメリカの作家，活動家

949 ☑	**valley** [vǽli]	图 谷；〈the ～で〉(大河の) 流域
950 ☑	**sorrow** [sárou, sɔ́ːr- | sɔ́r-]	图 悲しみ，不幸
951 ☑	**spread** [spréd]	他 を広げる，を広める　自 広がる 图 普及

..., spread your wings.
　　　　V　　O

- valley は比喩的に「低迷期」を表すことがある。spread *one's* wings は「(鳥が) 羽を広げる」の他，「自分の能力を発揮する」という意味がある。

> Please, no matter how we advance technologically, please don't abandon the book.
>
> どうか，どんなに私たちが技術的に進歩しても，どうか本を捨てないで。
>
> Patti Smith　1946-　シンガーソングライター，詩人

952 ☑	**advance** [ædvǽns | ədvά:ns]	自 進歩する　他 を進歩させる 名 進歩
953 ☑	**abandon** [əbǽndən]	他 を捨てる；をあきらめる
派	**abandonment**	名 遺棄；断念

... no matter how <u>we</u> <u>advance</u> technologically, ... <u>don't abandon</u> <u>the book</u>.
　　　　　　　　　　S'　　V'　　　　　　　　　　　　V　　　O

- no matter how ... は「たとえどんなに…しても」という意味で，ひとかたまりで接続詞のように用いられる。

> Sometimes, you might actually need to be able to recognize yourself. You might need a book to show you that you're not alone.
>
> 実のところ人は時々，自分自身を認識できる必要があるかもしれません。自分が1人ではないということに気づかせてくれる本が必要になるかもしれないのです。
>
> Amanda Lind　1980-　スウェーデンの政治家

954 ☑	**might** [máit]	助 …かもしれない；…してもよい ※「…かもしれない」の意味では，話し手の確信度は may と同程度か，やや下がる。
955 ☑	**able** [éibl]	形 (実際に)…できる **be able to ...**　…することができる
派	**enable**	他 **enable O to ...**　O が…することを可能にする
956 ☑	**alone** [əlóun]	形 1人だけの；孤独な 副 1人で

..., <u>you</u> <u>might</u> ... <u>need to be able to</u> .... <u>You</u> <u>might need</u> <u>a book</u> to show ....
　　　S　　V　　　　　O　　　　　　　　　S　　V　　　O

- to show you that ... は形容詞の役割をする to 不定詞で，book を修飾している。

> # Writers don't give prescriptions. They give headaches!
>
> 作家は助言を与えるのではありません。彼らは悩みの種を与えるのです！
>
> Chinua Achebe 1930-2013 ナイジェリア生まれの小説家

957 ☑	**prescription** [priskrípʃən]	图 助言；処方箋
958 ☑	**headache** [hédèik]	图 悩みの種；頭痛
959 ☑	参 **ache**	图 (鈍い) 痛み　圓 痛む

Writers don't give prescriptions. They give headaches!
　　S　　V　　　　　O　　　　　S　　V　　　O

8

文化・芸術

> # Genuinely good remarks surprise their author as well as his audience.
>
> 本当によい見解は，読者だけでなく著者をも驚かせます。
>
> Joseph Joubert 1754-1824 フランスの著述家

960 ☑	**genuinely** [dʒénjuinli]	副 本当に，心から
	派 **genuine**	形 本物の；誠実な
961 ☑	**remark** [rimáːrk]	图 見解，発言 他 と述べる　圓 意見を述べる
	派 **remarkable**	形 素晴らしい，注目すべき
962 ☑	**surprise** [sərpráiz]	他 を驚かせる 图 驚き；思いがけない出来事
	派 **surprising**	形 驚くべき
	派 **surprisingly**	副 驚いたことに，意外にも
963 ☑	**author** [ɔ́ːθər]	图 著者，作家
964 ☑	**audience** [ɔ́ːdiəns]	图 〈集合的に〉聴衆，観客　※原義は「audi (聞く) + ence (こと)」で「聞き手」を表すが，「読み手」を表すこともある。

Genuinely good remarks surprise their author ....
　　　　　　　　S　　　　　V　　　O

• A as well as B は「B だけでなく A も，B はもちろん A も」の意。

Writings may be compared to wine. Sense is the strength, but wit the flavor.

文章はワインにたとえられるかもしれません。センスは（ワインの）濃さで，ウィットは風味です。

Laurence Sterne　1713-1768　イギリスの小説家

965 compare [kəmpéər]	他 をたとえる，を比較する compare A to 〔with〕 B　A を B にたとえる，A を B と比べる
派 comparison	名 比較
966 wine [wáin]	名 ワイン，ぶどう酒
967 sense [séns]	名 センス，感覚；分別
968 wit [wít]	名 ウィット，機知
969 flavor [fléivər]	名 風味，味

Writings may be compared .... Sense is the strength, but wit (is) the flavor.
　S　　　V　　　　　　S　V　　C　　　　S (V)　　C

• strength は「強さ」などの意味の他，「（飲み物などの）濃さ」という意味もある。
• wit と the flavor の間に，述語動詞の is が省略されている。

> # Good writing is like a bomb: it explodes in the face of the reader.
>
> よい文章は爆弾のようだ。つまり，それは読者の面前で爆発する。
>
> Nuruddin Farah　1945-　ソマリアの小説家

970 ☑	**bomb** [bám | bɔ́m]	名 爆弾 他 を爆撃する
971 ☑	**explode** [iksplóud]	自 爆発する 他 を爆発させる
	派 **explosion**	名 爆発
	派 **explosive**	形 爆発しやすい　名 爆発物
972 ☑	**reader** [ríːdər]	名 読者

Good writing is like a bomb: it explodes ....
　　　　S　　　　　 V　　　 C　 S　　 V

- コロン（:）は「つまり」の意味で，前の節の内容を言い換えるために使われている。
- in the face of ~ は「~の面前で，~に直面して」の意。

> # Literature is the opposite of a nuclear bomb.
>
> 文学は核爆弾と正反対のものです。
>
> Arundhati Roy　1961-　インドの著述家

973 ☑	**literature** [lítərətʃər]	名 文学；チラシ
974 ☑	**opposite** [ápəzit, -sit | ɔ́p-]	名 正反対のもの 形 正反対の　前 ~の向かいに
	派 **opposition**	名 反対，対立
975 ☑	類 **contrary**	形 対立する；逆の
976 ☑	**nuclear** [njúːkliər | njúː-]	形 核エネルギーの，原子力の

Literature is the opposite of a nuclear bomb.
　　　S　　　 V　　　　　　 C

8 文化・芸術

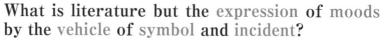

What is literature but the expression of moods by the vehicle of symbol and incident?

文学とは，象徴と（具体的な）出来事の媒体による心理状態の表現以外に，何で
あろうか。　　　　　William Butler Yeats　1865-1939　アイルランドの詩人，劇作家

977	**expression** [ikspréʃən]	图 表現；（感情などの）現れ
	派 **express**	他 を表現する　图 急行
978	**mood** [mú:d]	图 （一時的な）心理状態，気分；雰囲気
979	**vehicle** [ví:əkl, ví:hi- | ví:i-]	图 媒体，伝達手段；乗り物
980	**symbol** [símbəl]	图 象徴；記号
	派 **symbolize**	他 を象徴する
981	**incident** [ínsədənt]	图 出来事；事件

What is literature but ...?
　C　V　　S

• 疑問文だが，質問しているのではなく，自らの主張を強調している。but は前置詞で「～以外に（…
ない）」の意。イェーツの詩作は 20 世紀の英語詩・英文学に多大な影響を与えた。

Our world isn't made of earth, air and water or even molecules and atoms; our world is made of language.

我々の世界は，土，空気，水からできているのではない。分子や原子でさえない。
我々の世界は，言葉でできているのだ。

Tom Robbins　1932-　アメリカの小説家

982	**molecule** [máləkjù:l | mɔ́l-]	图 分子
983	**atom** [ǽtəm]	图 原子

Our world isn't made ...; our world is made ....
　　S　　　　V　　　　　S　　　V

• be made of ～ は「～でできている」という意味で，of の後ろに材料が続く。

> No matter what decade science fiction comes from, it's representing the present.
>
> 空想科学小説がどの 10 年間から来ようと，それは現在を表している。
>
> Don Hertzfeldt　1976-　アメリカのアニメーター

984 ☑	**decade** [dékeid, dikéid]	图 10 年間 ※ century が「100 年間」を表すように，年をひとくくりにした単位。
985 ☑	**fiction** [fíkʃən]	图〈集合的に〉架空の物語，小説 **science fiction**　空想科学小説 (SF)
986 ☑	**represent** [rèprizént]	他 を表す，を象徴する；を代表する
	派 **representation**	图 表現，描写；代表

... science fiction comes ..., it's representing the present.
　　　　　　S'　　　　V'　　　S　　V　　　　O

- no matter what 〜 は，「何の〔どんな〕〜が…しようとも」の意。no matter what decade がひとかたまりで前置詞 from の目的語となっている。

> The comic and the tragic lie inseparably close, like light and shadow.
>
> 滑稽なことと悲劇的なことは，光と影のように，切り離せないほど近くにある。
>
> Sōcrátēs　紀元前 470-399　古代ギリシアの哲学者

987 ☑	**comic** [kámik	kóm-]	形 滑稽な；喜劇の 图 コメディアン；漫画
988 ☑	**tragic** [trǽdʒik]	形 悲劇的な，痛ましい；悲劇の
989 ☑	**shadow** [ʃǽdou]	图（人や物の）影；暗がり；不安 形 影の
990 ☑	類 **shade**	图 日陰；（明暗・濃淡の）色合い

The comic and the tragic lie inseparably close, like light and shadow.
　　　　S　　　　　　　　V　　　　　　　　C

- 〈the ＋形容詞〉は「〜なもの」を表す名詞となる。lie close は「近くにある」という意味。inseparably（切り離せないほどに）は close を修飾している。

A myth is a way of making sense in a senseless world. Myths are narrative patterns that give significance to our existence.

神話は，無分別な世界で意味をなす方法です。神話は私たちの存在に意味をもたらす物語の様式なのです。

Rollo May　1909-1994　アメリカの臨床心理学者

991 ☑	**myth** [míθ]	图	神話；俗説
992 ☑	**narrative** [nǽrətiv]	形	物語の
993 ☑	**pattern** [pǽtərn | pǽtən]	图	様式，型；模範

A myth is a way .... Myths are ... patterns [that give significance ...].
　　S　 V　 C　　　S　 V　　　C　　　 [S] [V]　　[O]

• make sense は「意味がわかる，意味を成している，道理にかなっている」などの意。give significance は「意味をもたらす」の意。

The engine is the heart of an airplane, but the pilot is its soul.

エンジンは飛行機の心臓だが，パイロットはその魂である。

Walter Alexander Raleigh　1861-1922　イギリスの文人

994 ☑	**engine** [éndʒin]	图	エンジン；原動力
995 ☑	**airplane** [éərplèin]	图	飛行機
996 ☑	**pilot** [páilət]	图	パイロット，操縦士

The engine is the heart of an airplane, but the pilot is its soul.
　　　S　　 V　　　C　　　　　　　　 S　 V　C

> # Remember, color is not just color, but mood, temperature and structure.
>
> 色はただの色ではなく，心理状態，温度，そして構成でもあるということを覚え
> ておいて。
>
> Van Day Truex　1904-1979　アメリカのインテリアデザイナー

| 997 ☑ | **temperature**
[témpərətʃər] | 图 温度，気温 |
| 998 ☑ | **structure**
[strʌ́ktʃər] | 图 構成，構造；体系 |

Remember, (that) ....　　　　that 節内 color is not just color, but mood, ... structure
　　　V　　　O　　　　　　　　　　　S'　V'　　　　　C'　　　　　　　C'

・例外的に，省略された that の位置にコンマが置かれている。目的語の節内では not just A but B（A
だけではなく B も）が使われている。

> # There is no abstract art. You must always start with something. Afterward you can remove all traces of reality.
>
> 抽象芸術などない。いつも（特定の）あるものから始めなければならない。その
> 後で，すべての現実の痕跡を取り除くことができるのだ。
>
> Pablo Picasso　1881-1973　20 世紀最大の画家

Close-up & Review　パブロ・ピカソ p.208

999 ☑	**abstract** [ǽbstrækt]	形 抽象的な
1000 ☑	**afterward** [ǽftərwərd | ɑ́:f-]	副 その後で
1001 ☑	**remove** [rimúːv]	他 を取り除く
	派 **removal**	图 除去
1002 ☑	**trace** [tréis]	图 痕跡，名残り 他 を辿る，をなぞる
1003 ☑	**reality** [riǽləti]	图 現実，事実

There is no abstract art. You must ... start .... Afterward you can remove all traces ....
　　　V　　S　　　　　S　　V　　　　　　　S　　V　　　O

The things I want to show are mechanical.
Machines have less problems. I'd like to be a
machine, wouldn't you?

僕が見せたいものは機械的なんだ。機械は（人間より）不具合が少ないから。僕
は機械（のように正確な人間）になりたいんだ。そう思わないか？

Andy Warhol　1928-1987　芸術家，ポップアートの旗手

1004	**mechanical** [məkǽnikəl]	形 機械的な，機械式の
1005	**machine** [məʃíːn]	名 機械

The things [(that) I want to show] are mechanical.
　　S　　[O] [S]　　[V]　　V　　C

Machines have less problems. I'd like to be a machine, ...?
　S　　　V　　　O　　　S　　V　　　C

• want to ... は「…したい」という意味。would like to ... は同じ意味で，より丁寧な表現。want(V)
to show(O)，would like(V) to be ...(O) という解釈もできるが，上の構文解説では want to
show，would like to be をひとかたまりの動詞として示した。

A painting is a collection of a series of
corrections.

絵画とは，一連の修正の集まりです。

Helen Van Wyk　1930-1994　アメリカの画家

1006	**collection** [kəlékʃən]	名 集まり；コレクション，収集物
	派 **collect**	他 を集める，を収集する
1007	**series** [síəriːz]	名 連続；シリーズもの **a series of ～**　一連の～
1008	類 **sequence**	名 連続するもの；順序
1009	**correction** [kərékʃən]	名 修正，訂正
	派 **correct**	他 を訂正する　形 正確な

A painting is a collection of a series of corrections.
　　S　　　V　　　C

200

Architecture in general is frozen music.

一般に，建築は凍れる音楽である。

Friedrich Wilhelm Joseph Schelling　1775-1854　ドイツの哲学者

1010 ☑	**architecture** [ɑ́ːrkətèktʃər]	图 建築，建築様式
派	**architect**	图 建築家；設計者
1011 ☑	**general** [dʒénərəl]	形 一般的な，大よその **in general**　一般に
派	**generally**	副 一般的に，たいてい
1012 ☑	**frozen** [fróuzn]	形 凍った，冷凍された
派	**freeze**	自 凍る　他 を凍らせる

Architecture ... is frozen music.
S　　　　V　　　C

The more the marble wastes, the more the statue grows.

大理石がすり減ればすり減るほど，彫像は育っていく。

Michelangelo Buonarroti　1475-1564　ルネサンス期の彫刻家

1013 ☑	**marble** [mɑ́ːrbl]	图 大理石（の彫刻）
1014 ☑	**statue** [stǽtʃuː]	图 彫像，塑像

The more the marble wastes, the more the statue grows.
S　　　　V　　　　　　　　　S　　　V

- 〈the ＋比較級 ..., the ＋比較級 ～〉は「…すればするほど，ますます～だ」という意味。
- waste は自動詞で「すり減る，消耗する」という意味がある。

I obey nature, I never presume to command her.

私は自然に従う。私は厚かましくも彼女（自然）に命じることなど決してない。

Auguste Rodin　1840-1917　フランスの彫刻家

1015	**obey** [oubéi | əb-]	他 に従う，（規則・命令）を守る
1016	**command** [kəmǽnd | -máːnd]	他 に命じる，を指揮する 名 命令，指揮

I obey nature, I never presume to command her.
S V O S V O

- 例外的に２つの節がコンマでつながれている。presume to ... は「厚かましくも…する」という意味で，通例否定形で用いられる。her は nature を受けている。

Good artists copy. Great artists steal.

優れた芸術家は模倣する。偉大な芸術家は盗む。

Pablo Picasso　1881-1973　20世紀最大の画家

Close-up & Review パブロ・ピカソ p.208

1017	**copy** [kápi | kɔ́pi]	自 模倣する　他 を複製する；を模倣する 名 コピー，複製；（印刷物の）１部
1018	**steal** [stíːl]	自 盗む　他 を盗む

Good artists copy. Great artists steal.
S V S V

The camera relieves us of the burden of memory.

カメラは，私たちを記憶の負担から解放します。

John Berger　1926-2017　イギリスの芸術評論家

1019	**relieve** [rilíːv]	他 を楽にする；を軽減する **relieve A of B**　A を B から解放する
	派 **relief**	名 安心，安堵
1020	**burden** [bə́ːrdn]	名 負担；荷物
1021	**memory** [méməri]	名 記憶；思い出
	派 **memorize**	他 を暗記する

The camera relieves us of ....
　　S　　　　V　　　O

8

文化・芸術

Photography takes an instant out of time, altering life by holding it still.

写真術は，（経過していく）時からある瞬間を取り出し，それを静止させることで
人生を変化させるのです。

Dorothea Lange　1895-1965　アメリカの報道写真家

1022	**photography** [fətágrəfi | -tɔ́g-]	名 写真術，写真撮影
	派 **photograph**	名 写真　他 を写真に撮る
	派 **photographer**	名 写真家
1023	**instant** [ínstənt]	名 瞬間，瞬時 形 即時の，すぐにできる
	派 **instantly**	副 すぐに
1024	**alter** [ɔ́ːltər]	他 を（部分的に）変える

Photography takes an instant ..., altering life ....
　　　S　　　　V　　　　O　　　　　　(V')　　(O')

- altering 以下は分詞構文で，主節に連続して起こる動作を表している（付帯状況）。and it alters
  ... と考えるとよい。
- take A out of B は「B から A を取り出す」，hold it still は「それを静止状態にしておく」の意。

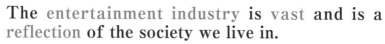

The entertainment industry is vast and is a reflection of the society we live in.

娯楽産業は広大であり，私たちが住んでいる社会の反映です。

Karrine Steffans　1978-　アメリカの著述家

1025 ☑	**entertainment** [èntərtéinmənt]	图 娯楽，楽しみ
派	**entertain**	他 を楽しませる，をもてなす
1026 ☑	**industry** [índəstri]	图 産業
派	**industrial**	形 産業の
1027 ☑	**vast** [vǽst | vάːst]	形 広大な，莫大な
派	**vastly**	形 広大に；非常に
1028 ☑	**reflection** [riflékʃən]	图 反映；反射，（鏡に映った）像

The entertainment industry is vast
　　　　　　　S　　　　　　　V　C

and is a reflection of the society [(which) we live in].
　V　C　　　　　　　　　　　　　　　[S] [V]

- we live in は関係詞節で，society を修飾している。前置詞 in の目的語の役割をする関係代名詞 which 〔that〕は省略されている。

I work all day, do research, sketch my ideas, prepare for performances.

私は一日中働き，研究をし，アイディアを描き，公演に備えているの。

Lady Gaga　1986-　アーティスト，女優，活動家

1029 ☑	**research**　名 [ríːsəːrtʃ, risə́ːrtʃ]　動 [–́–]	名 研究；調査 自 研究する　他 を研究する
	派 **researcher**	名 研究員，調査員
1030 ☑	類 **survey**	名 調査；概観　他 を調査する
1031 ☑	**prepare** [pripéər]	自 準備をする　他 を用意する；に準備をさせる **prepare for ～**　～に備える
	派 **preparation**	名 準備
1032 ☑	**performance** [pərfɔ́ːrməns]	名 公演；演技；業績；性能

I work all day, do research, sketch my ideas, prepare for ....
S　V　　　　V　　O　　　O　　　V

• 自身の行動を列挙している。通常は最後の項目の前に and を入れるが，省略されている。

Mime makes the invisible, visible and the visible, invisible.

パントマイムは，見えないものを見えるようにし，見えるものを見えなくさせるのです。

Marcel Marceau　1923-2007　パントマイム・アーティスト

1033 ☑	**invisible** [invízəbl]	形 目に見えない；目立たない
1034 ☑	**visible** [vízəbl]	形 目に見える；明白な
1035 ☑	参 **visual**	形 視覚の

Mime makes the invisible, visible and the visible, invisible.
S　V　　　O　　　　C　　　　　O　　　　C

• make O C は「O を C の状態にする」という意味。O と C の間のコンマは本来不要。
• 〈the ＋形容詞〉は「～なもの」を表す名詞となる。the invisible と the visible はそれぞれ「目に見えないもの」，「目に見えるもの」の意。

Acting deals with very delicate emotions. It is not putting up a mask. Each time an actor acts, he does not hide; he exposes himself.

芝居は，とても繊細な感情を扱います。それは仮面をかぶることではありません。俳優が演じるときはいつも，隠すのではなく，自分をさらけ出すのです。

Rodney Dangerfield　1921-2004　アメリカの俳優，コメディアン

1036	**deal with ～**	～を扱う，～に取り組む
1037	**delicate** [délikət]	形 繊細な，壊れやすい
1038	**mask** [mǽsk | mάːsk]	名 仮面，覆面；マスク
1039	**actor** [ǽktər]	名 俳優，役者
1040	**expose** [ikspóuz]	他 をさらけ出す；を暴露する **expose *oneself*** 自分をさらけ出す
	派 **exposure**	名 さらすこと，暴露

Acting deals with ... emotions. It is not putting up a mask.
　　S　　　V　　　　O　　　S V　　　　　　　C

Each time an actor acts, he does not hide; he exposes himself.
　　　　　　　S'　　V'　 S　　　V　　　　 S　　V　　　O

- 「～をつける〔を外す〕」は通常 put on 〔off〕 ～ と表すが，put down a mask で「仮面を外して正体を現す」という表現がある。それとの対比で put up a mask という表現を使っているのではないかと思われる。
- each time ... は「…するたびに」の意。

> Casting sometimes is fate and destiny more than skill and talent, from a director's point of view.
>
> 映画監督の観点から言えば，配役は時折，技術や才能以上に，宿命や運命です。
>
> Steven Spielberg　1946-　アメリカの映画監督

1041	**casting** [kǽstiŋ | káːst-]	图	配役（の決定）
	派 **cast**	他	の配役を決める；（光・影など）を投げかける
1042	**fate** [féit]	图	（人知を超えた）運命，宿命
1043	**destiny** [déstəni]	图	（動かし難い）運命
1044	**skill** [skíl]	图	（あることをする）技術，腕前
1045	**talent** [tǽlənt]	图	才能，素質
	派 **talented**	形	才能のある
1046	**director** [diréktər | dai-]	图	映画監督；責任者，取締役

8

文化・芸術

Casting ... is fate and destiny ....
　 S 　　 V 　　　　 C

- ここでの more than ~ は「単に~にとどまらない」の意。a point of view は「観点，視点」。

Pablo Picasso
（パブロ・ピカソ）

1881-1973　20世紀最大の画家

1　　Pablo Picasso was one of the most active and celebrated artists
　　　　　　　　　　　　　　　　　　　　　　　　433
of the twentieth century. The journey he made, experimenting with
　　　　　　　　　　　　　　　037　　　　　　　　002
different styles of art, continues to influence artists to this day.
　　　　625　　　　　　　　　074　　　425
　　　Picasso showed talent as a child, entering Barcelona's School of
　　　　　　　　　　1045
5　　Fine Arts at 13. His first works were in the realist style, but after
traveling to Paris in 1900, he began to work with a wider range of
　　　　　　　　　　　　　　　　　　　　　　　　　　　　　381
styles. He moved through a blue period of sadder works, a rose
　　　　　948　　　　　　　　　　　　　1298
period of colorful circus characters and on to a later period
　　　　　　　　　　　1287　　　110
influenced by African art. Greatly motivated by his friend and rival
　　425　　　　　　　　　　　　　116
10　Henri Matisse, he grew to be a major figure in the modernist
　　　　　　　　　　　381　　　　　811
movement.
　　948
　　　From 1909 he co-developed the style of cubism, with its focus
　　　　　　　　　　　　　　　　　　　　　　　　　048
on shapes and straight lines. His most well-known work, *Guernica*,
　　933　　　　　　　　　　　　　　　　　129
first shown in 1937, builds on the cubist style to reflect the pain and
　　　　　　　　　　　　　　　　　　　　　413　　　546
15　horror of war to great effect. His later life saw an expansion of his
　1164　　　　　　　　　　　　　　　　　　　　　444
talent into sculpture, poetry and playwriting. However, he
1045　　　　　　　　　　　　　　　　　123
continued to develop as a painter, affecting later neo-expressionist
　074　　　　212　　　　　　　678
painters as his creativity continued up until his death at the age of
　　　　　　288　　　　074
91.

All children are artists. The problem is how to remain an artist once he grows up.

すべての子どもたちは芸術家なんだ。問題は、大人になってからも芸術家であり続けるにはどうしたらよいかということだ。

⁂

　パブロ・ピカソは、20世紀における最も活動的で著名な芸術家の1人でした。さまざまな美術様式を試しながら彼が行った旅は、今日に至るまで、芸術家たちに影響を与え続けています。

　ピカソは子どもの頃に才能を発揮し、13歳でバルセロナの美術学校に入学しました。彼の初期の作品は写実主義の様式でしたが、1900年にパリを旅した後、彼は、より広範囲の様式で制作するようになりました。彼は、悲しい作品から成る「青の時代」、色彩豊かなサーカスのキャラクターから成る「バラ色の時代」を経て、アフリカ美術に影響を受けた後期へと移行していきました。友人でありライバルであるアンリ・マティスに大いに刺激され、彼はモダニズム運動の主要な人物へと成長しました。

　1909年から、彼は（ものの）形や直線に焦点を当てたキュビスムという様式を共同開発しました。彼の最もよく知られた作品で、1937年に初めて公開された「ゲルニカ」は、戦争の苦しみや恐怖を大きな効果で反映するため、キュビスムの様式に基づいています。晩年には、彼の才能は彫刻、詩、劇作へと拡大を見せました。しかしながら、彼は画家として進化し続け、彼の創造力は91歳で亡くなるまで継続し、のちの新表現主義の画家たちに影響を与えたのでした。

→パブロ・ピカソの名言 p.188, 199, 202

語句・表現

ℓ.7～8 move through ～ and on to …「～を経て…へと移行する」

ℓ.10 grow to be ～「～へと成長する」　ℓ.12 co-develop「～を共同開発する」

ℓ.14 build on ～「～に基づく」

文法

ℓ.2 experimenting with ～　分詞構文。「～を試しながら」の意。

ℓ.4 entering ～　分詞構文。and he entered ～と考えるとよい。

ℓ.9 Greatly motivated by ～

　過去分詞の分詞構文。He was greatly motivated by ～, and … ということ。

ℓ.12～13 with its focus on ～　with は付帯状況を表す。「焦点が～に置かれた状態で」の意。

ℓ.15～16 His later life saw an expansion of his talent into ～

　「彼の晩年が、彼の才能の～への拡大を目撃した」という無生物主語の文。

Close-up & Review　重要語句

　パブロ・ピカソは，父が美術学校の講師をしていた関係で，11 歳にしてラ・コルーニャの美術学校へ特別入学。13 歳でバルセロナに移り住みます。それから 91 歳で亡くなるまでに残した作品数は 15 万点近くに上り，「最も多作な画家」としてギネス世界記録にも認定されています。その長い期間の中で移り変わっていった彼の関心は，彼の芸術様式にも表れており，その幅広さや革新性によって，「20 世紀最大の画家」として名を馳せました。

　さて，このページではパブロ・ピカソのコラムに登場した次の語句を押さえましょう。

1047	**style** [stáil]	名 様式；型；文体
1048	**range** [réindʒ]	名 範囲，幅
1049	**period** [píəriəd]	名 期間，時期，時代
1050	**figure** [fígjər | fígə]	名 (重要) 人物；姿，像；図；数値 他 を計算する
1051	**horror** [hɔ́ːrər, hár- | hɔ́r-]	名 恐怖；嫌悪
	派 **horrible**	形 恐ろしい，ひどく嫌な
1052	**sculpture** [skʌ́lptʃər]	名 彫刻 (作品)
1053	**poetry** [póuitri]	名 〈集合的に〉詩

Chapter 9

学び・教育

$$\sum_{k=i}^{n} k^2 = \frac{1}{6} n (n+1)(2n+1)$$

$$\sum_{n=i}^{\infty} \frac{1}{n^2} = \frac{\pi^2}{6}$$

Learning / Education

It is a glorious fever, desire to know.

知りたいという欲求は，輝かしい興奮である。

Edward Bulwer-Lytton　1803-1873　イギリスの小説家，劇作家

1054 ☑	**glorious** [glɔ́ːriəs]	形 輝かしい，壮大な
1055 ☑	**fever** [fíːvər]	名 興奮；発熱
1056 ☑	**desire** [dizáiər]	名 欲求，要望

It is a glorious fever, desire to know.
S V　　　C　　　　　　真主語

• 形式主語として文頭に It が置かれ，本来の主語である desire to know が後に来ている。真主語は to 不定詞や that 節であることが多いが，このように語句の場合もある。その場合，真主語となる語句の前にコンマが置かれる。

Today knowledge has power. It controls access to opportunity and advancement.

現代は，知識が力を持っている。それは機会と進歩へのアクセスを制御するのだ。

Peter Drucker　1909-2005　経営学者，マネジメントの父

1057 ☑	**knowledge** [nάlidʒ | nɔ́l-]	名 知識；理解
1058 ☑	**control** [kəntróul]	他 を制御する；を支配する 名 制御；支配
1059 ☑	**access** [ǽkses]	名 アクセス；利用する権利〔機会〕
	派 **accessible**	形 行きやすい，使いやすい
1060 ☑	**advancement** [ædvǽnsmənt | ədvάːns-]	名 進歩；昇進

... knowledge has power. It controls access ....
S　　　V　　 O　　S　 V　　 O

> **Knowledge knocks on the door of action. If it receives a reply, it stays. Otherwise, it departs.**
>
> 知識は行動のドアをノックする。もし応答があればそこに留まる。そうでなければ，立ち去ってしまう。
>
> Sufyan al-Thawri　716 頃 -778　イスラム教の学者

1061 ☑	**knock** [nák | nɔ́k]	自 ノックする 他 を打つ
1062 ☑	**reply** [riplái]	名 応答，返事 自 答える　他 と答える
1063 ☑	**otherwise** [ʌ́ðərwàiz]	副 そうでなければ；その他の点では
1064 ☑	**depart** [dipáːrt]	自 出発する，旅立つ 他 を出発する
派	**departure**	名 出発

Knowledge knocks .... If it receives a reply, it stays. Otherwise, it departs.
　　S　　　V　　　　　　S' 　V'　　　O'　　S　 V　　　　　　　　S　 V

• 行動を伴わない知識は抜け落ちてしまうということ。

> **The mind is like a sponge, soaking up endless drops of knowledge.**
>
> 心はスポンジのようです。終わりのない知識のしずくを吸収しているのです。
>
> Robert M. Hensel　1969-　自らも二分脊椎症を患う，障がい者のための活動家

1065 ☑	**soak** [sóuk]	他 を浸す　自 浸る **soak up 〜** 〜を吸収する
1066 ☑	**endless** [éndlis]	形 終わりのない，果てしない

The mind is like a sponge, soaking up endless drops of knowledge.
　　S　　 V　　 C　　　　 (V)　　　　　　 (O)

• soaking up ... は分詞構文。and it soaks up ... と考えるとよい。

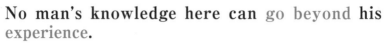

No man's knowledge here can go beyond his experience.

ここにあるいかなる人の知識も，その人の経験を超えることはできない。

John Locke　1632-1704　イギリスの哲学者

1067 ☑	**beyond** [bijánd | bijɔ́nd]	前 ～を超えた，～の向こうに **go beyond ～**　～を超える
1068 ☑	**experience** [ikspíəriəns]	名 経験，体験 他 を体験する，を経験する

No man's knowledge ... can go beyond ....
　　　　S　　　　　　　　　　V

• no man's ～ は「誰の～も…ない」の意。

Wisdom is the power to put our time and our knowledge to the proper use.

知恵とは，自らの時間と知識を適切に使う能力のことです。

Thomas J. Watson　1874-1956　IBM の初代社長

1069 ☑	**wisdom** [wízdəm]	名 知恵，賢明さ
1070 ☑	**proper** [prάpər | prɔ́pə]	形 適切な；正しい
	派 **properly**	副 適切に；正常に

Wisdom is the power to ....
　　S　　　　V　　　C

• to put ... は形容詞の役割をする to 不定詞で，power の内容を説明している。put ～ to use は「～を使う」の意。

To admit ignorance is to exhibit wisdom.

無知を認めることは，賢明さを示すことだ。

Ashley Montagu　1905-1999　イギリス生まれの人類学者

1071 ☑	**admit** [ædmít, əd-]	他 を認める
1072 ☑	**exhibit** [igzíbit]	他 を示す；を展示する 名 展示品
派	**exhibition**	名 展示；展覧会

To admit ignorance is to exhibit wisdom.
　　　S　　　　　　V　　　C

• to admit ignorance と to exhibit wisdom は，いずれも名詞の役割をする to 不定詞句。

Intelligence is the ability to adapt to change.

知性とは，変化に順応する能力のことだよ。

Stephen Hawking　1942-2018　イギリス生まれの「車いすの物理学者」

1073 ☑	**intelligence** [intélədʒəns]	名 知性，知能
1074 ☑	**adapt** [ədǽpt]	自 順応する **adapt to ～**　～に順応する

Intelligence is the ability to ....
　　S　　　　V　　C

• to adapt ... は形容詞の役割をする to 不定詞で，ability の内容を説明している。

The roots of education are bitter, but the fruit is sweet.

教育の根は苦いが，その実は甘い。

Aristotélēs　紀元前 384-322　古代ギリシアの哲学者

1075	**root** [rúːt]	名 根；根源；ルーツ
1076	**education** [èdʒukéiʃən | èdju-]	名 教育
	派 **educate**	他 を教育する

The roots of education are bitter, but the fruit is sweet.
　　　S　　　　V　　C　　　　S　V　　C

- bitter と sweet は「苦い」「甘い」という味覚の他，状況などが「つらい」「心地よい」などの意味もある。

Every child should have the opportunity to receive a quality education.

すべての子どもは，質の高い教育を受ける機会を得るべきである。

Bill Frist　1952-　アメリカの政治家，元外科医

1077	**receive** [risíːv]	他 を受ける，を受け取る
	派 **receipt**	名 領収書；受領
1078	**quality** [kwáləti | kwɔ́l-]	形 質の高い，良質の 名 質；特性，資質

Every child should have the opportunity to ....
　　S　　　　　V　　　　　O

- to receive ... は形容詞の役割をする to 不定詞で，opportunity の内容を説明している。

Many receive advice. Only the wise profit from it.

多くの人が助言を受けるが，賢明な人だけがそこから利益を得る。

Publilius Syrus　生没年不詳（紀元前 1 世紀頃）　古代ローマの喜劇作家

1079	**advice** [ədváis, æd-]	图 助言，忠告
	派 **advise**	他 に忠告する，と勧める　自 忠告する
1080	**wise** [wáiz]	形 賢い，賢明な
1081	**profit** [práfit | prɔ́f-]	自 利益を得る 图 利益，もうけ

Many receive advice. Only the wise profit from it.
　　　 S 　　 V 　 O 　　　 S 　 V

- many はここでは「多くの人」という名詞。
- 〈the ＋形容詞〉は「〜な人々」を表す名詞となる。the wise は「賢い人」の意。

Children require guidance and sympathy far more than instruction.

子どもたちは，指導よりもはるかに多くの導きと思いやりを必要としています。

Anne Sullivan　1866-1936　ヘレン・ケラーの家庭教師

1082	**require** [rikwáiər]	他 を必要とする；を要求する
1083	**sympathy** [símpəθi]	图 思いやり，同情；共感
1084	**instruction** [instrʌ́kʃən]	图 指導；〈通例複数形で〉指示，説明書
	派 **instruct**	他 に指示する；に教える
	派 **instructor**	图 指導者

Children require guidance and sympathy ....
　　　 S 　　　 V 　　　　 O

- far more は「はるかに多く」という意味。

The authority of those who teach is often an obstacle to those who want to learn.

教える人たちの権威は，しばしば学びたい人たちの障害である。

Marcus Tullius Cicero　紀元前 106-43　古代ローマの政治家，哲学者

1085 ☐	**authority** [əθɔ́:rəti, əθɑ́r- | ɔ:θɔ́r-]	名 権威（者）；権限；〈the ～ ies で〉当局
1086 ☐	**obstacle** [ɑ́bstəkl | ɔ́b-]	名 障害（物）

The authority of those [who teach] is often an obstacle to those [who want to learn].
S　[S] [V] V　C　[S] [V] [O]

- those who ... は「…する人たち」の意。who teach と who want to learn は関係詞節で，どんな人なのかを説明している。

Custom and authority are no sure evidence of truth.

慣習と権威は，真実であることの確かな根拠では決してない。

Isaac Watts　1674-1748　イギリスの牧師，賛美歌の作詞家

1087 ☐	**custom** [kʌ́stəm]	名（社会的な）慣習，風習
1088 ☐	類 **habit**	名（個人的な）習慣，癖
1089 ☐	**evidence** [évədəns]	名 根拠，証拠
	派 **evident**	形 明らかな

Custom and authority are ... evidence ....
S　V　C

- no は sure を修飾し，「ちっとも…ない」と強い否定を表している。sure は「確かな」の意。

> The task of the excellent teacher is to stimulate 'apparently ordinary' people to unusual effort.
>
> 優秀な教師の仕事は,「一見普通の」人々を刺激し, 並外れた努力をさせることです。
>
> K. Patricia Cross 1926- アメリカの教育学者

1090 ☑	**task** [tǽːsk | tάːsk]	图 仕事, 任務
1091 ☑	**excellent** [éksələnt]	形 優秀な
1092	**stimulate** [stímjulèit]	他 を刺激する, を激励する **stimulate O to ～**　○ を刺激して～をさせる ※例文では to の後に名詞が続いているが, 動詞の原形が入る用法もある。
1093	**unusual** [ʌnjúːʒuəl]	形 並外れた, 普通でない
	派 **unusually**	副 異常に, 珍しく

The task ... is to stimulate 'apparently ordinary' people to unusual effort.
   S   V   C

• apparently ordinary は「一見普通の」の意。

> The educator must believe in the potential power of his pupil, and he must employ all his art in seeking to bring his pupil to experience this power.
>
> 教育者は, 生徒の潜在能力を信じなければならない。そして, 生徒にこの力を体感させようと努めることに, 自分の技術のすべてを用いなくてはならない。
>
> Alfred Adler 1870-1937 オーストリアの心理学者, 精神科医

1094 ☑	**pupil** [pjúːpəl, -pil]	图 生徒, 弟子
1095 ☑	**seek** [síːk]	他 を探す, を得ようとする 自 探求する **seek to ...**　…しようと努力する

The educator must believe in ..., and he must employ all his art ....
   S   V   S   V   O

• employ は「～を用いる」, art は「技術, 手腕」, bring O to ... は「O に…するようにさせる」の意。

9

学び・教育

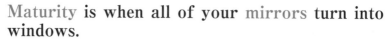

Maturity is when all of your mirrors turn into windows.

成熟とは，あなたの鏡のすべてが窓に変わるときである。

Henry David Thoreau 1817-1862 思想家，ナチュラリスト

1096	**maturity** [mətʃúərəti, -tjúər-]	图 成熟；成熟期
	派 **mature**	形 成熟した；大人びた
1097	**mirror** [mírər]	图 鏡
		他 （鏡のように）を映す

Maturity is (the time) [when all of your mirrors turn into windows].
　S　　V　C　　　　　　　　　[S]　　　　[V]

• when は関係副詞。when の前に先行詞として the time を補って考えるとよい。

• 鏡は光を跳ね返すが，窓は光を通す。「周囲の考えを鏡のように跳ね返すのではなく，窓のように受け入れられるようになることが，大人になることだ」ということ。

I'm going to college. I don't care if it ruins my career. I'd rather be smart than a movie star.

私は大学に行くわ。たとえそれが私のキャリアを台無しにしたって構わない。映画スターであるよりも，賢くいたいの。

Natalie Portman 1981- イスラエル生まれの女優

Close-up & Review ナタリー・ポートマン p.156

1098	**ruin** [rú:in]	他 を台無しにする
		图 破滅
1099	**smart** [smάːrt]	形 賢い，頭のよい；洗練された

I'm going .... I don't care if it ruins my career. I'd ... be smart than ....
　S　　V　　　S　　V　　　S'　V'　　O'　　S　　V　C

• 現在進行形の I'm going は確定的な未来を表している。

• would rather A than B は「B よりも A するほうがよい，B よりむしろ A したい」の意。ここでは than の後の be が省略されている。

Education no longer stops on graduation day.
We must demand excellence at every level of
education.

> もはや卒業の日に教育が終わることはない。私たちはあらゆるレベルの教育にお
> いて，優秀さを要求すべきなのだ。
>
> William J. Clinton　1946-　第 42 代アメリカ合衆国大統領

1100	**graduation** [grædʒuéiʃən]	名 卒業
	派 **graduate**	自 卒業する　名 卒業生
1101	**demand** [diménd | -máːnd]	他 を要求する 名 要求；需要
1102	**level** [lévəl]	名 レベル，程度，段階

Education ... stops .... We must demand excellence ....
　　S　　　　V　　　　S　　　　V　　　　　O

- no longer は「もはや…でない，もう…でない」の意。

A solid foundation for children involves a solid
moral base.

> 子どもたちのための確かな基盤は，確かな道徳的基盤を必要とする。
>
> Zig Ziglar　1926-2012　自己啓発分野の著述家，講演家

1103	**solid** [sálid | sɔ́l-]	形 確かな，しっかりした；固体の
1104	**involve** [inválv | -vɔ́lv]	他 を必要とする，を含む；を関わらせる
1105	**base** [béis]	名 基盤，基礎；基地 他 に基礎を置く
	派 **basic**	形 基本の，基礎となる
	派 **basically**	副 基本的に；要するに

A solid foundation for ... involves a solid moral base.
　　　　　S　　　　　　　　V　　　　　　O

- foundation は「最も下にあって全体を支える基盤」を，base は「個別の具体的なものを支える基盤」
を表す。moral は「道徳的な，倫理的な」の意。

221

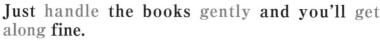

> **Just handle the books gently and you'll get along fine.**
> ともかく本を優しく扱ってごらん。そうすれば，うまくやっていけるよ。
>
> Patrick Rothfuss 1973- アメリカのファンタジー作家

1106	**handle** [hǽndl]	他 を扱う，に対処する 名 取っ手
1107	**gently** [dʒéntli]	副 優しく，そっと
派	**gentle**	形 優しい，穏やかな
1108	**get along**	仲良くする；うまくいく，（なんとか）やっていく

Just handle the books gently and you'll get along fine.
   V   O   S   V

- just は「ともかく，ちょっと，ただ」などの意味で，表現を和らげたり強めたりする。
- 〈命令文＋and ...〉は，「～しなさい，そうすれば…」という意味。

> **You must never put things in a children's book that amuse only adults. That would be rude to the child — who is going to read the book.**
> 子どもたちの本に，大人だけを楽しませる事柄を入れてはいけません。それは，その本を読んでくれる子どもに礼を欠くでしょう。
>
> Astrid Lindgren 1907-2002 スウェーデンの児童文学作家

Close-up & Review アストリッド・リンドグレーン p.228

1109	**amuse** [əmjúːz]	他 を楽しませる
派	**amusement**	名 面白さ，娯楽
1110	**rude** [rúːd]	形 失礼な，無礼な

You must ... put things in .... That would be rude to ....
 S   V   O   S   V   C

- 1文目の that amuse only adults は book を，2文目の who is going to read the book は child を修飾する関係詞節。

222

> # One accurate measurement is worth a thousand expert opinions.
>
> 1つの正確な測定は，1000人の専門家の意見に匹敵する価値があります。
>
> Grace Hopper　1906-1992　アメリカ海軍所属の計算機科学者

Close-up & Review　グレース・ホッパー p.78

1111	**accurate** [ǽkjurət]	形 正確な，精密な
	派 **accuracy**	名 正確さ
1112	**measurement** [méʒəァmənt]	名 測定；寸法
	派 **measure**	他 を測定する　自 ～の大きさ〔重さ〕がある 名 対策
1113	**expert** [ékspəァt]	名 専門家，達人 形 専門知識のある，熟練した
1114	類 **specialist**	名 専門家

One accurate measurement is worth ....
　　　　　　S　　　　　　V　　　C

• be worth ～ は「～の価値がある，～に値する」の意。

> # All human interactions are opportunities either to learn or to teach.
>
> すべての人間の交流は，学ぶチャンスか教えるチャンスのどちらかです。
>
> M. Scott Peck　1936-2005　アメリカの精神科医，作家

1115	**interaction** [ìntəræk∫ən]	名 交流，相互作用
	派 **interact**	自 交流する，互いに作用し合う
	派 **interactive**	形 相互に作用する，双方向の
1116	**either** [íːðəァ | ái-]	副 どちらか　形 どちらかの　代 どちらか **either A or B**　A か B のどちらか

All human interactions are opportunities ....
　　　　S　　　　　　V　　　　C

• to learn と to teach は形容詞の役割をする to 不定詞で，いずれも opportunities の内容を説明している。

9

学び・教育

The past does not repeat itself, but it rhymes.

過去は繰り返さないが，韻を踏む。

Mark Twain　1835-1910　19 世紀アメリカを代表する作家

1117 ☑	**past** [pǽst | pάːst]	名 〈the 〜で〉過去 形 過去の，過ぎた (ばかりの)
1118 ☑	**repeat** [ripíːt]	他 を繰り返す 自 繰り返す

The past does not repeat itself, but it rhymes.
　S 　　　　　　　 V 　　 O 　 S 　V

- itself と it は the past を受けている。
- rhyme (韻を踏む) とは，詩などで同じまたは似た音を繰り返し使うこと。過去に起きたこととまったく同じことは起きないが，似たようなことが起こるということ。

Our ancestors are an ever widening circle of hope.

私たちの先祖は，絶えず広がっている，希望の輪です。

Toni Morrison　1931-2019　アメリカの小説家

1119 ☑	**ancestor** [ǽnsestər]	名 先祖，祖先
1120 ☑	反 **descendant**	名 子孫
1121 ☑	**circle** [sə́ːrkl]	名 輪，仲間；円

Our ancestors are an ever widening circle of hope.
　　S 　　　　 V 　　　　　　　C

- ever widening は「絶えず広がっている」の意。

> # The history of scholarship is a record of disagreement.
>
> 学問の歴史は，意見の相違の記録です。
>
> Charles Evans Hughes 1862-1948 アメリカの政治家

1122	**scholarship** [skálərʃip]	名 学問；奨学金
	派 **scholar**	名 学者；奨学生
1123	**record** 名 [rékərd | -kɔːd] 動 [rikɔ́ːrd]	名 記録，経歴 他 を記録する
1124	**disagreement** [dìsəgríːmənt]	名 意見の相違，不一致

The history of scholarship is a record of disagreement.
    S   V   C

9

学び・教育

> # I am now convinced that theoretical physics is actually philosophy.
>
> 今では私は，理論物理学は，実際には哲学だと確信している。
>
> Max Born 1882-1970 ドイツの理論物理学者

1125	**convinced** [kənvínst]	形 確信して **be convinced that ...** …と確信している
	派 **convince**	他 に確信させる
	派 **convincing**	形 説得力のある
1126	**physics** [fíziks]	名 物理学
1127	**actually** [ǽktʃuəli]	副 実際には，実は
	派 **actual**	形 実際の，現実の

I am ... convinced that .... that 節内 theoretical physics is ... philosophy
S V   C   S'   V'   C'

- theoretical physics は「理論物理学」の意。物理学の研究手法は大きく理論物理学と実験物理学（experimental physics）に分けられる。
- マックス・ボルンは 1954 年，量子力学の分野でノーベル物理学賞を受賞している。

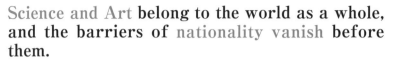

> **Science and Art belong to the world as a whole, and the barriers of nationality vanish before them.**
>
> 学術は世界全体に属しており，それらの前では国籍の壁は消滅する。
>
> Johann Wolfgang von Goethe　1749-1832　ドイツの詩人，小説家，劇作家

1128 ☑	**science** [sáiəns]	图 自然科学 **Science and Art**　学術　※ art は「人文科学」の意。
	派 **scientific**	形 自然科学の
1129 ☑	**nationality** [næ̀ʃənǽləti]	图 国籍，国民（性）
1130 ☑	**vanish** [vǽniʃ]	自 消える

Science and Art belong ..., and the barriers of nationality vanish ....
　　　　S　　　　V　　　　　　　　　　S　　　　　V

• as a whole は「全体として，ひとまとめで」の意。

226

お気に入りの名言を書き込みましょう

Astrid Lindgren
（アストリッド・リンドグレーン）

1907-2002　スウェーデンの児童文学作家

1　　Author of many fictional works and screenplays, Astrid Lindgren
963

became a household name for her popular children's books. Lindgren

has sold more than 165 million books in over 100 languages, and her

characters continue to be loved by both children and adults. The
110　　074　　　　　　　　　　　　　　　　　　　589

5　　Swedish writer is perhaps best known for the character Pippi
135　　　　　　　　　　　　　　110

Longstocking. In her works, many of the young characters fight
110

against the rules of the adult world, echoing many of the author's
589　　　　　　　　　　　　963

feelings on the rights of children.
434

In 1978, while accepting an award for literature, Lindgren made
239　　　126　　　973

10　　a speech entitled "Never Violence!", which spoke out against corporal

punishment. Working with other writers and politicians, she was able
955

to get a new law passed in Sweden. The following year, this law
810　　　　　　　　　　　374

banned any form of violence against children including from the
543　　　　　　　　　　783

child's own parents. This became the first such law in the world and
810

15　　was followed by similar laws in many other countries. Throughout
374　　　860　　810　　　　　　　　　　　508

the 1980s, she began to focus on animal rights, and her work again
048　　　　　　434

led to new laws in Sweden on animal welfare in farming.
705　　　810　　　　　　　　　1189　　1209

Although she died in 2002, Astrid Lindgren continues to
074

influence society today, both in the way we bring up children and in
425　　636　　　　　　　　　　262

20　　how we treat animals.
401

Give the children love, more love and still more love — and the common sense will come by itself.

子どもたちに愛を，もっと愛を，さらにたくさんの愛を与えてください―そうすれば，常識は自然に身につきます。

多くのフィクション作品や脚本の著者であるアストリッド・リンドグレーンは，人気の高い児童書でよく知られる名前となりました。リンドグレーンは100を超える言語で，1億6千5百万冊以上の本を売り上げており，彼女のキャラクターたちは子どもにも大人にも愛され続けています。このスウェーデン人の著者は，おそらく「長くつ下のピッピ」というキャラクターで最もよく知られています。彼女の作品の中では，幼いキャラクターたちの多くが大人の世界のルールと闘っており，子どもの権利に対する著者の気持ちの多くをそのまま伝えています。

1978年，ある文学賞を受賞する際に，リンドグレーンは「暴力は絶対だめ！」と題したスピーチを行いました。それは，体罰反対を表明したものでした。彼女は他の作家や政治家と協力しながら，スウェーデンで新しい法律を可決させることができました。翌年，この法律は，自身の両親からのものを含む，子どもに対するあらゆる形態の暴力を禁止しました。これは世界で初めてのそうした法律となり，多くの他の国で，同様の法律が続くことになりました。1980年代を通して，彼女は動物の権利に重点を置くようになり，彼女の活動は再び，畜産における動物福祉に関するスウェーデンの新たな法律につながりました。

2002年に亡くなりましたが，アストリッド・リンドグレーンは，子どもの育て方と動物の扱い方の両方において，今日の社会に影響を与え続けています。

→アストリッド・リンドグレーンの名言 p.222

語句・表現

ℓ.10 ～ 11 corporal punishment「体罰」

文法

ℓ.7 echoing ～　分詞構文。and they echoe ～ と考えるとよい。echo は「～をそのまま繰り返す」の意。

ℓ.9 while accepting ～　while she was accepting ～ の she was が省略されている。

ℓ.10 , which spoke out against ～　関係代名詞の非制限用法。and it〔the speech〕spoke out against ～ ということ。speak out against ～ は「～に反対意見を表明する」の意。

ℓ.12 get a new law passed　〈get O ＋過去分詞〉は「O を…させる」。pass は「（法律）を可決する」。

ℓ.19 ～ 20 the way we bring up ～／ how we treat ～
〈the way S V〉と〈how S V〉はほぼ同じ意味で，「S が…する方法〔やり方〕」の意。

Close-up & Review　重要語句

　天真爛漫な少女の物語『長くつ下のピッピ』で知られるアストリッド・リンドグレーンですが，自身の本を通してだけでなく，法律の制定にも関わり，子どもたちのために尽くしました。国連で「子どもの権利条約」が採択されたのは 1989 年のことであり，リンドグレーンの活動は，世界に先駆けたものでした。彼女は，スウェーデンの子どもたちにとって最も身近な 20 クローナ（約 250 ～ 300 円）紙幣の肖像画にもなっており，今でも国民に親しまれています。

　さて，このページではアストリッド・リンドグレーンのコラムに登場した次の語句を押さえましょう。

1131	**household** [háus*h*òuld]	形 よく知られた；家族の 名 家族，家庭
1132	**million** [míljən]	名 100 万 形 100 万の
1133	参 **billion**	名 10 億　形 10 億の
1134	**entitle** [intáitl]	他 に~という題名をつける；に~の資格を与える **be entitled ～**　～と題されている
1135	**politician** [pùlətíʃən | pòl-]	名 政治家
1136	**ban** [bǽn]	他 （公式に）を禁止する　名 （法による）禁止 **ban O from ...ing**　Ｏ が…するのを禁止する
1137	類 **prohibit**	他 （法令などで）を禁止する；を妨げる **prohibit O from ...ing**　Ｏ が…するのを禁止する〔妨げる〕
1138	**violence** [váiələns]	名 暴力，激しさ
	派 **violent**	形 乱暴な，激しい
	派 **violently**	副 乱暴に，激しく

Chapter 10

人間・自然

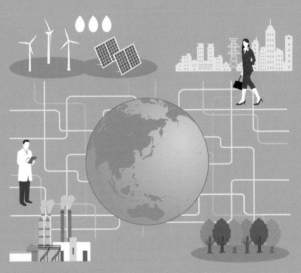

Human / Nature

> **We stand today on the edge of a new frontier.**
> 我々は今日，新たな辺境のふち（＝未開拓地の前）に立っているのだ。
>
> John F. Kennedy　1917-1963　第35代アメリカ合衆国大統領

1139	**edge** [édʒ]	图 端，ふち；瀬戸際
1140	**frontier** [frʌntíər | -́-]	图 辺境；国境；最先端

We stand today on the edge of a new frontier.
　S　　V

- 大統領選中に行われた「ニューフロンティア演説」の一節。the frontier は「19世紀アメリカ西部における開拓地と未開拓地の境界」を意味するが，ジョン・F・ケネディは1960年当時のアメリカが抱える諸問題に対する政策として「ニューフロンティア」という概念を掲げた。

> **In the twenty-first century, the robot will take the place which slave labor occupied in ancient civilization.**
> 21世紀には，古代文明で奴隷労働者が占めていた場所をロボットが取って代わるだろう。
>
> Nikola Tesla　1856-1943　発明家，電気技師

1141	**slave** [sléiv]	图 奴隷
1142	**occupy** [ákjupài | ɔ́k-]	他 を占める；を占拠する
1143	**ancient** [éinʃənt]	形 古代の；大昔の

..., the robot will take the place [which slave labor occupied ...].
　　　　　　 S　　 V　　　　O　　　[O]　　　[S]　　　　 [V]

- which 以下は place を修飾する関係詞節。take the place (of 〜) は「(〜に) 取って代わる」の意。
- 19世紀後半〜20世紀前半を生きたニコラ・テスラの鋭い見識が感じられる。磁束密度の単位「テスラ」は彼の名に由来する。

Technological progress has merely provided us
with more efficient means for going
backwards.

技術の進歩は，後退するためのより効率的な手段を我々にもたらしただけだ。

Aldous Huxley 1894-1963 イギリス生まれの著述家

1144	**provide** [prəváid]	他 を提供する；をもたらす **provide A with B〔provide B for A〕** A に B を提供する
1145	類 **supply**	他 を供給する 名 供給（量・品），必需品
1146	**means** [míːnz]	名 手段，方法；財産
1147	**backward** [bǽkwərd]	副 後ろへ；（過去へ）さかのぼって；逆に 形 後方への ※〈英〉の副詞用法では backwards / forwards と s がつく。
1148	反 **forward**	副 前へ；先へ 形 前方への

Technological progress has ... provided us with ....
　　　　　　 S 　　　　　　　 V 　　　 O

Many new technologies come with a promise to
change the world, but the world refuses to
cooperate.

多くの新技術が世界を変えるという約束で登場するが，世界は協力することを拒
んでいる。

Henry Petroski 1942- アメリカの工学者，失敗学の研究者

1149	**promise** [prámis | prɔ́m-]	名 約束 他 を約束する 自 約束する
1150	**refuse** [rifjúːz]	他 を拒む；を断る **refuse to ...** …することを拒む
	派 **refusal**	名 拒否；辞退
1151	類 **reject**	他 を拒絶する；を却下する
1152	**cooperate** [kouápərèit | -ɔ́p-]	自 協力する；言う通りに従う
	派 **cooperative**	形 協同の；協力的な

Many new technologies come with ..., but the world refuses to cooperate.
　　　　　　　 S 　　　　　 V 　　　　　　　 S 　　　 V 　　 O

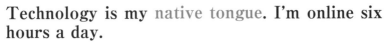

Technology is my native tongue. I'm online six hours a day.

テクノロジーは私の母語です。私は1日に6時間ネットに接続しています。

Howard Rheingold　1947-　アメリカの文化・社会批評家

1153 ☑	**native** [néitiv]	形 母国の；(ある場所に) 固有の
1154 ☑	**tongue** [tʌ́ŋ]	名 (特定の) 言語；舌 **native tongue** 母語

Technology is my native tongue. I'm online six hours a day.
　　 S 　　 V 　　　C 　　　SV 　　 C

• ハワード・ラインゴールドは，インターネットを介した人々のコミュニケーションの在り方を専門とする批評家。「1日6時間」のネット利用は，今では珍しくないかもしれない。

Electronic equipment replaces neither eyes, hands, nor heart.

電子機器は目や手や心臓の代わりになりはしない。

Wolfgang Weingart　1941-2021　グラフィック・デザイナー

1155 ☑	**electronic** [ilektránik | -trɔ́n-]	形 電子の；電子工学の
1156 ☑	**equipment** [ikwípmənt]	名 機器，装置；備品
	派 **equip**	他 を備え付ける
1157 ☑	**replace** [ripléis]	他 に取って代わる；を取り替える **replace A with B** A を B と取り替える
1158 ☑	**nor** [nɔ́r；((弱))nər]	接 **neither A nor B** A でも B でもない 〈not, never などの後で〉～もまた…ない

Electronic equipment replaces neither eyes, hands, nor heart.
　　　　 S 　　　　　　 V 　　　　 O 　　 O 　　　 O

• neither A nor B は「A でも B でもない」の意。3つ以上列挙される場合，最後のものの前に nor をつける。

People with empty bellies **never** despair of the universe, nor even think about the universe, for that matter.

お腹が空っぽの人は決して宇宙に絶望しないし，もっと言えば宇宙のことなど考えさえしない。

George Orwell 1903-1950 インド生まれのイギリスの作家

1159 ☑	**empty** [émpti]	形 空っぽの，空いている 他 を空にする
1160 ☑	**belly** [béli]	名 お腹，腹部
1161 ☑	**despair** [dispéər]	自 絶望する　**despair of ～**　～に絶望する 名 絶望，失望

People with empty bellies never despair of ..., nor even think about ....
　　　　　　S　　　　　　　　　　　V　　　　　　　　　　V

• never と nor が despair と think を否定している。for that matter は「さらに言えば」。

Logic, like whiskey, loses its beneficial effect when taken in too large quantities.

論理というものは，ウィスキー同様，大量に摂取しすぎるとその有益な効果を失う。

Lord Dunsany 1878-1957 アイルランドの小説家

1162 ☑	**logic** [ládʒik | lɔ́dʒ-]	名 論理；論理学
	派 **logical**	形 論理的な
1163 ☑	**beneficial** [bènəfíʃəl]	形 有益な
1164 ☑	**effect** [ifékt]	名 効果，影響；結果
	派 **effective**	形 効果的な
1165 ☑	**quantity** [kwántəti | kwɔ́n-]	名 量 **in large quantities**　大量に

Logic, ..., loses its beneficial effect when (it is) taken ....
　 S 　　　　V　　　　　　O 　　　　　　　　S' 　V'

• like whiskey は挿入句。when の後に it is が省略されている。when, while, if などが導く副詞節では〈主語＋ be 動詞〉が省略されることがある。

235

Information is the oxygen of the modern age.

情報は現代という時代における酸素である。

Ronald Reagan　1911-2004　第40代アメリカ合衆国大統領

1166	**oxygen** [άksidʒən | ɔ́k-]	图 酸素
1167	参 **carbon dioxide**	图 二酸化炭素
1168	**modern** [mάdərn | mɔ́d-]	形 現代の，近代の；最新式の
1169	類 **contemporary**	形 同時代の；現代の

Information is the oxygen of the modern age.
S　　　V　　　　　C

Newspaper: A device unable to distinguish between a bicycle accident and the collapse of civilization.

新聞：自転車事故と文明の崩壊を区別できない装置。

George Bernard Shaw　1856-1950　アイルランドの劇作家，批評家

1170	**device** [diváis]	图 装置，道具
1171	**unable** [ʌnéibl]	形 **be unable to ...**　…することができない
1172	**collapse** [kəlǽps]	图 崩壊；倒壊 自 崩壊する
1173	**civilization** [sìvəlizéiʃən | -laiz-]	图 文明；文明社会
	派 **civil**	形 国内の；（軍人に対して）民間人の
	派 **civilize**	他 を教化する；を文明化する

• 辞書のような表記で，コロン（：）以降が皮肉を込めた newspaper の定義となっている。unable 以降は名詞 device を後ろから修飾する形になっている。

The press, like fire, is an excellent servant, but a terrible master.

報道機関は火のようなもので，優秀な召使いだが，恐ろしい主人でもある。

James Fenimore Cooper　1789-1851　アメリカの小説家，批評家

1174 ☑	**press** [prés]	图 報道機関；報道陣 他 を押す
1175 ☑	**fire** [fáiər]	图 火；火事 他 （銃など）を発射する；を解雇する
1176 ☑	**master** [mǽstər | mɑ́ːs-]	图 主人；支配者；名人 他 を習得する

The press, ..., is an excellent servant, but a terrible master.
　　S　　　　V　　　　　　　　　　　C　　　　　　　　　　　　C

• like fire は挿入句。Fire is a good servant but a bad master.（火はよい召使いだが，悪しき主人でもある。）ということわざを前提としている。いずれも「こちらが便利に使うにはよいが，いいように使われるのは危険だ」ということ。

10
人間・自然

Masses are always breeding grounds of psychic epidemics.

大衆は常に精神的伝染病の温床である。

Carl Gustav Jung　1875-1961　スイスの精神科医，心理学者

1177 ☑	**mass** [mǽs]	图 一般大衆；大きなかたまり
1178 ☑	類 **crowd**	图 群衆，観客
1179 ☑	**breeding** [bríːdiŋ]	图 飼育；繁殖
	派 **breed**	自 子を産む　他 を繁殖させる
1180 ☑	**ground** [gráund]	图 用地；土地；地面 **breeding grounds**　温床；繁殖地
1181 ☑	参 **playground**	图 遊び場；運動場〔グラウンド〕
1182 ☑	**epidemic** [èpədémik]	图 伝染病の発生；（病気の）流行 形 伝染性の
1183 ☑	参 **pandemic**	图 形 全国的・世界的流行（の）；感染爆発（の）

Masses are always breeding grounds of psychic epidemics.
　　S　　　　V　　　　　　　　　　　　C

It is general popular error to imagine the
loudest complainers for the public to be the
most anxious for its welfare.

世間に対して最も声高に不満を言う人が，世間の幸福を最も憂慮していると思い
込むことは，一般的なよくある過ちである。

Edmund Burke　1729-1797　アイルランド生まれの政治思想家

1184 ☑	**imagine** [imǽdʒin]	他 と思い込む；を想像する 自 想像する
1185 ☑	**loud** [láud]	形 声高の；(音が) 大きい，うるさい
	派 **aloud**	副 声に出して
1186 ☑	**complainer** [kəmpléinər]	名 不満を言う人，クレーマー
	派 **complain**	自 不満を言う　他 と不満を言う
	派 **complaint**	名 不満，苦情
1187 ☑	**anxious** [ǽŋkʃəs]	形 心配な；切望して
	派 **anxiety**	名 心配 (事)；切望
1188 ☑	類 **uneasy**	形 不安な，落ち着かない
1189 ☑	**welfare** [wélfèər]	名 幸福；福祉 (事業)

It is general popular error to imagine ....
S̲ V̲　　　　　C̲　　　　　真主語
• 文頭の It は形式主語で，本来の主語は to imagine 以下の内容。imagine O to be C は「O を C で
あると思い込む〔想像する〕」という意味。
• loudest は loud の最上級。

Male-female **conversation** is cross-cultural communication.

男女の会話は異文化コミュニケーションです。

Deborah Tannen　1945-　アメリカの言語学者

1190	male [méil]	形 男の，雄の 名 男性
1191	female [fíːmeil]	形 女の，雌の 名 女性
1192	cultural [kʌ́ltʃərəl]	形 文化の，文化的な **cross-cultural** 異文化 (間) の
1193	communication [kəmjùːnəkéiʃən]	名 コミュニケーション，伝達；通信手段
	派 **communicate**	自 連絡を取り合う；意思を伝える

Male-female conversation is cross-cultural communication.
　　　　S　　　　　V　　　　　　　C

Humor is a great vehicle for getting a message across. If you get too serious, you could die of starch.

ユーモアはメッセージを伝えるための素晴らしい手段よ。深刻になりすぎるとガチガチになって死んじゃうかも。

Cyndi Lauper　1953-　アメリカのシンガーソングライター

1194	humor [hjúːmər]	名 ユーモア，おかしさ
	派 **humorous**	形 ユーモアのある，こっけいな
1195	serious [síəriəs]	形 深刻な，重大な；本気の
	派 **seriously**	副 深刻に；まじめに

Humor is a great vehicle .... If you get too serious, you could die ....
　S　V　　　C　　　　　S'　V'　　C'　　S　　　V

- get O across は「O をわかってもらう」，die of ~ は「~が原因で死ぬ」の意。
- could は「ひょっとすると…かもしれない」という，あまり高くない可能性を表す。starch は「でんぷん；洗濯用のり」だが，ここではのりが固まったような「堅苦しさ」を表している。

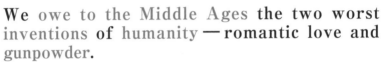

> # We owe to the Middle Ages the two worst inventions of humanity ― romantic love and gunpowder.
>
> 人類の2つの最悪の発明は，中世に起因する。（その2つとは）恋愛と火薬だ。
>
> André Maurois　1885-1967　フランスの小説家，評論家

1196 ☑	**owe** [óu]	他 **owe A to B**　AはBのおかげである〔に起因する〕 **owe A to B [owe B A]**　BにA（恩義・借り）がある
1197 ☑	**middle** [mídl]	形 真ん中の，中央の　**the Middle Ages**　中世 名 真ん中；（期間の）中頃
1198 ☑	**invention** [invénʃən]	名 発明品，発明
1199 ☑	**humanity** [hju:mǽnəti]	名 人類，人間（性）
1200 ☑	**gunpowder** [gʌ́npàudər]	名 火薬
1201 ☑	参 **powder**	名 粉，粉末

We owe to the Middle Ages the two worst inventions of humanity ....
　S　V　　　　　　　　　　　　　　　　O

- この文では目的語が長いため，to the Middle Ages が目的語の前に出されている。ダッシュ（―）以降は the two worst inventions を具体的に言い換えたもの。
- romantic love は単に「恋愛」という意味ではなく，恋愛と結婚を結びつける社会学上の概念。中世から近世にかけて，恋愛や婚姻に関する社会の価値観は大きく変化した。

> # The power of community to create health is far greater than any physician, clinic or hospital.
>
> 健康を創り出す地域社会の力は，どんな医者や診療所，病院よりもはるかに大きい。
>
> Mark Hyman　1959-　アメリカの医師，著述家

1202 ☑	**physician** [fizíʃən]	图 内科医，医師
1203 ☑	参 **surgeon**	图 外科医
1204 ☑	参 **surgery**	图 手術；外科
1205 ☑	**clinic** [klínik]	图 診療所，医院

The power ...	health	is	far greater than ....
S		V	C

10

人間・自然

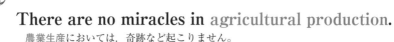

There are no miracles in agricultural production.

農業生産においては，奇跡など起こりません。

Norman Borlaug　1914-2009　アメリカの農学者

1206	**agricultural** [æ̀grikʌ́ltʃərəl]	形 農業の
派	**agriculture**	名 農業
1207	**production** [prədʌ́kʃən]	名 生産 (高)，製造

There are no miracles in agricultural production.
　　　 V 　　S

- ノーマン・ボーローグは，小麦の品種改良により生産性を大幅に向上させ，世界の食糧不足の改善に大きく貢献した。ノーベル平和賞やアメリカの大統領自由勲章などを受賞している。

The landscape of any farm is the owner's portrait of himself.

どの農場の風景も，その農場の持ち主本人の肖像画である。

Aldo Leopold　1887-1948　アメリカの環境倫理学者

1208	**landscape** [lǽndskèip]	名 景色，風景；風景画
1209	**farm** [fáːrm]	名 農場 他 を耕作する；を栽培する
派	**farmer**	名 農家
派	**farming**	名 農業，農場経営
1210	**portrait** [pɔ́ːrtrit]	名 肖像画；描写

The landscape of any farm is the owner's portrait of himself.
　　　　　　S　　　　　　　V　　　　　　C

> **Nature will bear the closest inspection. She invites us to lay our eye level with her smallest leaf, and take an insect view of its plain.**
>
> 自然は最も細密な調査にも耐えうるだろう。自然は，最も小さな葉に目の高さを合わせ，昆虫の目で葉の平原を見るよう私たちをいざなう。
>
> Henry David Thoreau 1817-1862 思想家，ナチュラリスト

1211 ☑	**bear** [béər]	他 に耐えうる；に耐える
1212 ☑	**inspection** [inspékʃən]	名 調査，検査；視察
	派 **inspect**	他 を調べる，を検査する
1213 ☑	**invite** [inváit]	他 を招待する **invite O to ...** ○ に…するよう勧める
	派 **invitation**	名 招待 (状)
1214 ☑	**insect** [ínsekt]	名 昆虫

<u>Nature</u> <u>will bear</u> <u>the closest inspection.</u> <u>She</u> <u>invites</u> <u>us</u> to lay ..., and (to) take ....
　　S　　　V　　　　　O　　　　　　　　　S　　V　　O

- invite が to lay … と (to) take … の 2 つの to 不定詞句を導いている。
- 2 文目の she, her は nature を受けている。Mother Nature（母なる自然）という言葉もあるように，nature はしばしば女性名詞として扱われる。

10
人間・自然

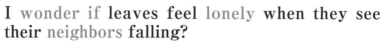

I wonder if leaves feel lonely when they see their neighbors falling?

自分の隣人たちが落ちてゆくのを見るとき，葉っぱは孤独を感じるのだろうか。

John Muir 1838-1914 ナチュラリスト，作家

1215 ☑	**wonder** [wʌ́ndər]	他 **wonder if ...** …か (どうか) なと思う；〈丁寧な依頼〉 …していただけないかと思う 自 思いをめぐらす
1216 ☑	**lonely** [lóunli]	形 ひとりぼっちの，孤独な
1217 ☑	**neighbor** [néibər]	名 隣人；近くの人〔もの〕 形 隣の
派	**neighborhood**	名 地域；近所；〈the ～で〉近所の人々

I wonder if ...?　　if 節内 leaves feel lonely when ...
S　V　O　　　　　　　S'　 V'　 C'

- when 節内は they(S) see(V) their neighbors(O) falling(C) という構造。see O ...ing は「O が …しているのを見る」。neighbors はここでは「周りにある他の葉っぱ」を指す。
- I wonder で始まる文は肯定文なのでピリオドで終わるのが一般的だが，ここではクエスチョンマークで「…だろうか？」と疑問に思う気持ちが強調されている。

The surface of the Earth is the shore of the cosmic ocean.

地球の表面は，宇宙という海の海岸です。

Carl Sagan 1934-1996 天文学者，NASA の顧問

1218 ☑	**surface** [sə́ːrfis]	名 表面；外見 形 表面 (上) の
1219 ☑	**shore** [ʃɔ́ːr]	名 海岸，岸

The surface of the Earth is the shore of the cosmic ocean.
　　　　　S　　　　　　　 V　　　　　 C

> # Preserve and cherish the pale blue dot, the only home we've ever known.
>
> 淡く青い点，私たちが知っている唯一の家を守り，慈しみましょう。
>
> Carl Sagan　1934-1996　天文学者，NASA の顧問

1220 ☑	**preserve** [prizə́ːrv]	他	を保護する，を保存する
	派 **preservation**	名	保護，保存
1221 ☑	**cherish** [tʃériʃ]	他	を大事にする，を慈しむ
1222 ☑	**pale** [péil]	形	(色が) 薄い，淡い；青白い
1223 ☑	**dot** [dát | dɔ́t]	名 他	点；水玉模様 に点を打つ

Preserve and cherish the ... dot, the only home [(that) we've ... known].
　V　　　　V　　　　O　　　　　　　　　　[O]　[S]　　[V]

- the pale blue dot は地球のこと。ボイジャー1号が60億kmの距離から撮影した地球を，カール・セーガンがこう呼んだ。
- コンマ以降は the pale blue dot を言い換えたもの。we've 以降は関係詞節で home を修飾している。

人間・自然

> # There are 400,000 species of beetles on this planet, but only 8,000 species of mammals.
>
> この惑星には 40 万種の甲虫がいるが，哺乳類は 8 千種しかいない。
>
> John B. S. Haldane　1892-1964　イギリスの生物学者

1224 ☑	**species** [spíːʃiːz]	名	(生物分類上の) 種；種類
1225 ☑	**planet** [plǽnit]	名	惑星；〈the ~で〉地球
1226 ☑	**mammal** [mǽməl]	名	哺乳動物

There are 400,000 species of beetles ..., but (there are) only 8,000 species of ....
　　V　　　　　　S　　　　　　　　　　　　　　　　V　　　　　　S

Extinction **is** the rule. Survival **is** the exception.

絶滅が原則です。生き残りは例外なのです。

Carl Sagan　1934-1996　天文学者，NASA の顧問

1227 ☑	**extinction** [ikstíŋkʃən]	图 絶滅
派	**extinct**	形 絶滅した
1228 ☑	**rule** [rúːl]	图 法則；規則；支配
		他 を支配する
1229 ☑	**survival** [sərváivəl]	图 生き残ること；存続
1230 ☑	**exception** [iksépʃən]	图 例外；除外
派	**except**	他 を除く　前 ～を除いて　接 …ということを除いて

Extinction is the rule. Survival is the exception.
　　 S　　　 V　 C　　 S　　　 V　　 C

Birds are indicators of the environment. If they are in trouble, we know we'll soon be in trouble.

鳥は環境の指標である。もし鳥が困った状況にあるなら，我々もすぐに困った状況になることがわかる。

Roger Tory Peterson　1908-1996　アメリカの鳥類学者，自然保護活動家

1231 ☑	**indicator** [índikèitər]	图 指標，メーター
派	**indicate**	他 を指し示す；の兆候を示す
1232 ☑	**trouble** [trʌ́bl]	图 困難（な状況）；心配（事）；面倒

Birds are indicators .... If they are ..., we know (that) ....
　 S　　 V　　　 C　　　 S'　 V'　　 S　 V　　　 O

• know の後に that が省略されている。that 節内は we(S) will be(V) という構造。

> ## The clock is ticking as nature attempts to absorb the increased greenhouse gas emissions.
>
> 自然が増加した温室効果ガスの排出を吸収しようとする間にも，時計は時を刻んでいる。
>
> Ernest Moniz　1944-　原子核物理学者，元アメリカ合衆国エネルギー長官

1233	**attempt** [ətémpt]	他 を試みる；を企てる　**attempt to ...** …しようとする 名 試み，企て
1234	**absorb** [əbzɔ́ːrb, -sɔ́ːrb]	他 を吸収する
1235	**increase** 動 [inkríːs, ́–]　名 [́–, – ́]	他 を増やす　自 増える　名 増加 ※文中では過去分詞 increased が 形 として使われている。
1236	反 **decrease**	他 を減らす　自 減る　名 減少
1237	**greenhouse** [gríːnhàus]	名 温室
1238	**gas** [gǽs]	名 気体，ガス；〈gasoline の短縮形〉ガソリン
1239	**emission** [imíʃən]	名 排出，放出

10

人間・自然

The clock is ticking as nature attempts to absorb ....
　　S　　　　V　　　　S'　　V'　　　　O'

- ここでは as は「時」を表す接続詞。主節（the clock is ticking）と従属節（nature attempts to ...）の動作が同時に起きていることを表す。

> Fresh water is like a fossil fuel; we should not waste it.
>
> 真水は化石燃料のようなものだ。無駄にすべきではない。
>
> Walter Munk　1917-2019　アメリカの海洋物理学者

1240 ☑	**fresh** [fréʃ]	形 無塩の；新鮮な；鮮やかな **fresh water**　（海水に対して）真水
1241 ☑	**fossil** [fásəl | fɔ́s-]	名 化石 形 化石化した
1242 ☑	**fuel** [fjúːəl]	名 燃料

Fresh water is like a fossil fuel; we should not waste it.
　　S　　　V　　　　　C　　　　　　　S　　　V　　　　O

> Sustainability is no longer about doing less harm. It's about doing more good.
>
> 持続可能性とは，もはや害を減らすことではない。それはより多くのよいことを行うことである。
>
> Jochen Zeitz　1963-　ハーレーダビッドソン社長兼CEO

1243 ☑	**sustainability** [səstèinəbíləti]	名 持続可能性
	派 **sustain**	他 を維持する，を持続させる
	派 **sustainable**	形 環境を破壊しない，持続可能な
1244 ☑	**harm** [háːrm]	名 害；悪意 他 を害する
	派 **harmful**	形 有害な
	派 **harmless**	形 無害な

Sustainability is ... about doing .... It's about doing ....
　　　S　　　　V　　　　　C　　　　　　SV　　　　　C

• less harm（より少ない害）と more good（より多くのよいこと）が対になっている。この good は名詞で「よいこと；善」。do harm は「害を及ぼす」，do good は「よい行いをする」の意。

Pollution should never be the price of prosperity.

決して公害が繁栄の代償であってはならない。

Al Gore 1948- 第45代アメリカ合衆国副大統領

1245 ☑	**pollution** [pəlú:ʃən]	图 汚染，公害
	派 **pollute**	他 （空気・水など）を汚染する
1246 ☑	**prosperity** [prɑspérəti	prɔs-]	图 繁栄，成功
	派 **prosper**	自 栄える，成功する

Pollution should ... be the price of prosperity.
　　　S　　　V　　　　　C

• price はここでは「代償，犠牲」の意。

It's the little things citizens do. That's what will make the difference. My little thing is planting trees.

市井の人が行うのは小さなことです。それが違いを生み出すのです。私が行う小さなことは，木を植えることです。

Wangari Maathai 1940-2011 ケニア生まれの環境活動家

Close-up & Review ワンガリ・マータイ p.250

| 1247 ☑ | **citizen**
[sítəzən] | 图 市民；国民 |
| 1248 ☑ | **plant**
[plǽnt | plɑ́:nt] | 他 を植える，（種）をまく
图 植物，草花；工場（設備） |

Citizens do the little things. That's what .... My little thing is planting trees.
　　S　　V　　　O　　　　　S　V　C　　　　S　　　V　　　　C

• 1文目は that が省略されているが，It is A that B.（B するのは A だ。）という強調構文。目的語 the little things が強調されている。上の解説は強調構文ではない元の形に戻したもの。

• 2文目は関係代名詞 what 以降がひとかたまりの名詞節。節内は what(S) will make(V) the difference(O) という構造。「それが違いを生み出すことだ」という意味。

Wangari Maathai
（ワンガリ・マータイ）

1940-2011　ケニア生まれの環境活動家

1　The Kenyan social, political and environmental activist Wangari
852　　　　　677　　　　245

Maathai had a lasting effect on the lives of women, the environment
120　　1164　　　　　　　　　　　　　　677

and democracy throughout Africa.
824　　　508

The first ever East African woman to receive a Ph.D., she began
1077

5　her career working for women's rights, pushing for equal benefits
382　　　　　　　　　　434　　　　　　776　　848

for female staff in Kenyan universities. Through her activism and work
1191

with volunteer groups, she understood that environmental issues
221　　　　　　　　　　　　　　　677　　590

were behind many of Kenya's problems, including water shortages,
005　　　　　　　　　175　　　783

hunger and deforestation. She started the Green Belt Movement in

10　1977, providing rural women with funding to plant trees.
1144　　　　　　　1248

During the 1980s, the movement spread throughout Africa,
948　　951　　　508

receiving money from the UN. Maathai experienced many hardships
1077　　　　　　　　　　　　1068

as she fought an undemocratic government. Her goal was to
813

increase political rights and stop the development of natural areas.
1235　　852　　434　　　　　212

15　She was injured and arrested several times, but her activities
150　　　　　　　　　　　　　433

received international support.
1077　　923　　　463

In 2004, she received the Nobel Peace Prize for her work on
1077

"sustainable development, democracy and peace." Her later
1243　　　212　　　824

activities included promoting the Japanese concept of *mottainai* to
433　　　783　　295　　　308

20　eliminate waste from the natural environment.
876　　006　　　　　　677

When we plant trees, we plant the seeds of peace and seeds of hope. We also secure the future for our children.

私たちは木を植えるとき，平和の種，そして希望の種を植えています。子どもたちの未来を守ってもいるのです。

ケニアの社会・政治・環境保護活動家であるワンガリ・マータイは，アフリカ中で女性の生活，環境，民主主義に永続的な影響を与えました。

博士号を取得した初めての東アフリカ出身女性である彼女は，女性の権利のために取り組むことからキャリアをスタートさせ，ケニアの大学における女性職員の平等な利益を強く求めました。改革を目指す行動やボランティア団体との活動を通して，彼女は，環境上の問題が，水不足，飢え，森林破壊を含む多くのケニアの問題の背後にあることを理解しました。彼女は 1977 年に「グリーン・ベルト運動」を始め，農村部の女性に，樹木を植えるための資金を提供しました。

1980 年代，その運動はアフリカの至るところに広まり，国連からの資金援助を受けました。マータイは，非民主的な政府と闘う中で，多くの苦難を経験しました。彼女の目標は，政治的権利を拡大すること，そして自然地域の開発を止めることでした。彼女は数回にわたって負傷し，逮捕されましたが，彼女の活動は国際的な支持を得ました。

2004 年，彼女は「持続可能な開発，民主主義，そして平和」への取り組みに対して，ノーベル平和賞を受賞しました。彼女のその後の活動には，自然環境から無駄を排除するために，「もったいない」という日本語の概念を推進することが含まれていました。

→ワンガリ・マータイの名言 p.249

語句・表現

ℓ.4 Ph.D.「博士号」 ℓ.6 activism「行動主義，改革主義（的な行動）」

ℓ.9 deforestation「森林破壊」 ℓ.13 undemocratic「非民主的な」

文法

ℓ.5 pushing for ～ ℓ.10 providing ～ ℓ.12 receiving ～

すべて分詞構文。and she pushed for〔provided〕～ や and it received ～ と考えるとよい。push for ～ は「～を強く求める」の意。

Close-up & Review　重要語句

　2005年の来日時に彼女が感銘を受けた「もったいない」のフレーズで，ワンガリ・マータイを記憶している方も多いでしょう。彼女の活動の優れた点は，環境問題と水不足や飢餓の問題，そして女性の不平等などの複数の問題を一体として捉え，具体的な解決策を実行した点にあると言えます。彼女が環境や平和の分野で残した功績はもちろんのこと，そうした課題解決に対する考え方からも，私たちが学ぶべき点は多くあるでしょう。

　さて，このページではワンガリ・マータイのコラムに登場した次の語句を押さえましょう。

1249	social [sóuʃəl]	形 社会の，社会的な；社交の
	派 socially	副 社会的に；社交的で
1250	staff [stǽf | stáːf]	名 〈集合的に〉職員，従業員
1251	shortage [ʃɔ́ːrtidʒ]	名 不足
1252	hunger [hʌ́ŋgər]	名 飢え，空腹
1253	rural [rúərəl]	形 田舎の，農村部の
1254	反 urban	形 都市の
1255	funding [fʌ́ndiŋ]	名 資金援助，資金
	派 fund	他 に資金を提供する　名 資金，基金
1256	arrest [ərést]	他 を逮捕する

その他の格言

テーマ別英単語　ことわざ・慣用句（1）

　著名人の残した名言の他に，ことわざ・慣用句として受け継がれている格言も多くあります。動物や食べ物が出てくることわざも多いですね。

Don't count your chickens before they are hatched.

卵がかえる前にひなの数を数えるな。（≒捕らぬ狸の皮算用。）

One swallow does not make a summer.

1羽のツバメが夏をもたらすわけではない。
＊ツバメが1匹来たからと言って夏が来たとは言えない。つまり，早合点は禁物ということ。

The second mouse gets the cheese.

2匹目のネズミがチーズを得る。
＊最初に来たネズミは罠にかかったり捕まったりすることがあるが，次に来たネズミは安全にチーズを得ることができるということ。必ずしも1番がよいとは限らない。

Birds of a feather flock together.

同じ羽毛の鳥は一緒に群がる。（≒類は友を呼ぶ。同じ穴のムジナ。）
＊不定冠詞の a は，ここでは「同じ，同一の」の意。

1257	**hatch** [hǽtʃ]	他 （ひな・卵）をかえす 自 （ひな・卵が）かえる
1258	**swallow** [swάlou | swɔ́l-]	名 ツバメ
1259	**cheese** [tʃíːz]	名 チーズ
1260	**feather** [féðər]	名 羽毛，羽
1261	**flock** [flάk | flɔ́k]	自 群がる　名 群れ **a flock of ～**　～の群れ

To every bird, his own nest is beautiful.

どの鳥にとっても自分の巣が心地よい。(≒住めば都。)

＊beautiful はここでは「居心地のよい」の意。

A barking dog never bites.

ほえる犬は決して噛まない。(≒弱い犬ほどよく吠える。能なし犬の高吠え。)

Life is just a bowl of cherries.

人生はまさに一鉢のさくらんぼ (＝楽しいことでいっぱい) だ。

When you shoot an arrow of truth, dip its point in honey.

真実の矢を射るときは，その先をハチミツに浸せ。

＊意見を伝えるときは，ただ自分の正しさを主張するのではなく，相手に得があるように見せるのがよいというアラブのことわざ。

1262	**nest** [nést]	名 (鳥などの) 巣；憩いの場
1263	**bark** [báːrk]	自 ほえる；怒鳴る 名 ほえ声；怒鳴り声
1264	**bowl** [bóul]	名 鉢，椀；(料理用) ボウル
1265	**cherry** [tʃéri]	名 さくらんぼ；桜の木
1266	**shoot** [ʃúːt]	他 を射る，を撃つ 自 射る，撃つ
1267	**dip** [díp]	他 をちょっと浸す；を下げる 自 沈む；下がる
1268	**point** [pɔ́int]	名 (とがった) 先；要点；地点；時点
1269	**honey** [hʌ́ni]	名 ハチミツ

テーマ別英単語　ことわざ・慣用句（2）

　ことわざの中には，日本と海外で同じことを述べているものも多くあります。似た言い回しもあれば，海外ならではの言い回しも面白いですね。

One man's trash is another man's treasure.

ある人のごみは別の人の宝物。（≒十人十色。捨てる神あれば拾う神あり。蓼食う虫も好き好き。）

Homer sometimes nods.

ホメロスも，ときには居眠りする。（≒弘法も筆の誤り。猿も木から落ちる。）
＊ホメロスは古代ギリシアの叙事詩人。弘法（空海）のように，偉大な人物のたとえ。

A drowning man will clutch at a straw.

溺れる者は，わらをもつかむ。
＊ clutch at ～ は「～をつかむ，～にしがみつく」の意。

As the twig is bent, so is the tree inclined.

枝が曲がれば木も傾く。（≒三つ子の魂百まで。）
＊ as ... so ～ は「…であるのと同じように～」の意。so の後は倒置が起きている。

1270 ☑	**trash** [trǽʃ]	名 ごみ，くず，がらくた
1271 ☑	**nod** [nάd | nɔ́d]	自 居眠りする；うなずく
1272 ☑	**drown** [dráun]	自 溺死する 他 を溺死させる；を水浸しにする
1273 ☑	**bent** [bént]	形 曲がった
1274 ☑	**inclined** [inkláind]	形 傾いた **be inclined to ...** …する傾向がある；…したい気分である
	派 **incline**	他 を傾ける　自 傾く

It's always darkest before the dawn.

夜明け前がいつも一番暗い。

＊一番つらい時期も，すぐそこに夜明けが待っているということ。

Attack is the best form of defense.

攻撃は最大の防御（の形）なり。

When anger blinds the mind, truth disappears.

怒りが心を惑わすと，真実は見えなくなる。（≒短気は損気。）

＊blind はここでは「～を惑わす，～の判断を狂わせる」の意。

Don't marry for money; you can borrow it cheaper.

金目当てで結婚してはいけない。もっと安くそれ（＝お金）を借りることができる。

＊スコットランドに伝わる人生訓。

1275 ☑	**dawn** [dɔ́ːn]	名 夜明け，明け方；(物事の) 幕開け
1276 ☑	**attack** [ətǽk]	名 攻撃；発作 他 を攻撃する
1277 ☑	**defense** [diféns]	名 防御；弁護
1278 ☑	**anger** [ǽŋɡər]	名 怒り
1279 ☑	**disappear** [dìsəpíər]	自 姿が見えなくなる，消える
1280 ☑	**marry** [mǽri]	自 結婚する　他 と結婚する **be married to ～** ～と結婚している
	派 **marriage**	名 結婚 (生活)
1281 ☑	**cheap** [tʃíːp]	副 安く 形 安い，安物の

テーマ別英単語　ことわざ・慣用句（3）

「わかる，わかる！」とうなずけるものや，思わずクスッと笑ってしまうものもありますね。
言葉を通して他の国の文化に触れられるのが，ことわざ・慣用句の面白さです。

Better bow than break.

折れるよりたわむほうがよい。（≒柳の枝に雪折れなし。柔よく剛を制す。）
＊力がかかったときにバキッと折れてしまうよりも，しなやかに曲がるほうがよいということ。

A watched pot never boils.

見つめられた鍋は決して沸かない。（≒待つ身は長い。）
＊お湯が沸くのをじっと見ていると，いつまでも沸かないと思うくらい長く感じるということ。

A good appetite needs no sauce.

旺盛な食欲にソースは必要ない。（≒空腹にまずいものなし。）

Not my circus, not my monkeys.

私のサーカスではないし，私のサルではない。
＊「他人の言動は自分にはコントロールできない」という諦念を表すポーランドの言葉。

1282	**bow** [báu]	圓 たわむ，曲がる；おじぎする 他 （頭）を下げる
1283	**pot** [pát | pɔ́t]	名 深い鍋〔容器〕，ポット
1284	**boil** [bɔ́il]	圓 沸く，沸騰する 他 を沸かす，を沸騰させる
1285	**appetite** [ǽpətàit]	名 食欲
1286	**sauce** [sɔ́ːs]	名 ソース
1287	**circus** [sə́ːrkəs]	名 サーカス
1288	**monkey** [mʌ́ŋki]	名 サル

deer in the headlights

ヘッドライトに照らされたシカ　（≒鳩に豆鉄砲。）
＊車のヘッドライトに照らされたシカが，その場に固まって動けなくなる様子から。

the wolf in sheep's clothing

ヒツジの皮をかぶったオオカミ
＊温和にふるまっていても，実は危険な人物のたとえ。新約聖書『マタイによる福音書』から。

a storm in a teacup

ティーカップの中の嵐　（≒から騒ぎ）
＊ささいなことで大騒ぎすること。

1289 ☑	**deer** [díər]	图 シカ
1290 ☑	**headlight** [hédlàit]	图 ヘッドライト
1291 ☑	**wolf** [wúlf]	图 オオカミ；残忍な人
1292 ☑	**sheep** [ʃíːp]	图 ヒツジ；温和な〔気弱な〕人
1293 ☑	**clothing** [klóuðiŋ]	图 覆い，衣類
1294 ☑	**storm** [stɔ́ːrm]	图 嵐，暴風雨
	派 **stormy**	形 嵐の，暴風雨の

シェイクスピアの格言

　William Shakespeare（ウィリアム・シェイクスピア　1564-1616）は，イギリス・ルネサンスを代表する劇作家です。英語にはシェイクスピアに由来する単語や慣用句が数多くあり，英文学，そして英語史を語る上で欠かせない存在となっています。16 〜 17 世紀の英語は，現代の英語と異なる部分も多いのですが，中でも比較的読みやすいものを選びました。その名文の美しさに少しでも触れていただけたらと思います。

Love is a smoke made with the fume of sighs.

愛はため息の蒸気でできた煙だ。

＊『ロミオとジュリエット』第一幕第一場
　物語冒頭，ジュリエットに出会う前，ロザラインへの叶わぬ恋に悩んでいたロミオが，友人・ベンヴォーリオに語った台詞。

What's in a name? That which we call a rose
By any other name would smell as sweet.

名前が何だというのでしょう？　バラと呼ばれるあの花は，
他の名前で呼ばれても，同じように甘く香るわ。

＊『ロミオとジュリエット』第二幕第二場
　ロミオが敵対するモンタギュー家の子息であることを知ったジュリエットの台詞。互いの名前（家）が 2 人の恋を阻むことを嘆いている。この前に「ああロミオ，ロミオ。どうしてあなたはロミオなの。」という一節がある。

1295	**smoke** [smóuk]	名 煙 自 煙草を吸う
1296	**fume** [fjúːm]	名 蒸気，煙，ガス
1297	**sigh** [sái]	名 ため息 自 ため息をつく
1298	**rose** [róuz]	名 バラ
1299	**smell** [smél]	自 〜のにおいがする　名 におい，香り 他 のにおいを感じる，のにおいをかぐ
1300	参 **taste**	自 〜の味がする　名 味；好み

There are no tricks in plain and simple faith.

単純明白な信頼に，策略は一切ない。

* 『ジュリアス・シーザー』第四幕第二場
ブルータスは，ローマの共和制を守るという大義名分の下，ポンペイを破って凱旋したシーザーの暗殺を遂げる。しかしシーザーの腹心・アントニーの演説により，ブルータスらを謀反者とする市民の暴動が起き，ローマを脱出。暗殺の首謀者・キャシアスと合流して態勢を立て直そうとするブルータスが，共通の友人・ルシリアスへ言った台詞。

When we are born, we cry that we are come
To this great stage of fools.

人間，生まれるときに泣くのはな，この大いなる阿呆の舞台に上がってしまったからなのだ。

* 『リア王』第四幕第六場
ブリテン王国の老王リアは，退位にあたって財産を分け与えた娘たちに裏切られ，絶望の淵で荒野をさまよう。同じく息子に裏切られ盲目となったグロスター伯爵と遭遇し，狂気と理性が入り混じった言葉を投げかける場面。この世を劇場にたとえ，身に降りかかる悲劇を嘆いている。

I must be cruel, only to be kind.

あなたのためを思って，残酷にならなければならない。

* 『ハムレット』第三幕第四場
デンマーク王子であるハムレットは，父を毒殺して王位についた叔父・クローディアスへの復讐を誓う。夫の死の真相を知らずにクローディアスの妃となった母・ガートルードを，ハムレットが強く責め立てる場面での言葉。be cruel to be kind は「人のためを思って厳しくする」という意味で使われる表現となっている。

1301	**trick** [trík]	图 策略；いたずら
1302	**faith** [féiθ]	图 信頼；信仰
	派 **faithful**	形 忠実な
1303	**stage** [stéidʒ]	图 舞台；時期，段階
1304	**cruel** [krúːəl]	形 残酷な，冷酷な

INDEX

数字は掲載ページを表します。

索引

索引

索引

索引

索引

MEMO

MEMO

MEMO

MEMO

MEMO

参考文献

Oxford Dictionary of Quotations（Elizabeth Knowles 編，Oxford University Press）
1001 Quotations to inspire you before you die（Robert Arp，Cassell）
The Big Book of Quotes: Funny, Inspirational and Motivational Quotes on Life, Love and Much Else（M Prefontaine，CreateSpace Independent Publishing Platform）
1001 Smartest Things Ever Said（Steven D. Price 編，Lyons Press）
『こころ湧き立つ英語の名言』（晴山陽一，青春出版社）
『カラー版 CD 付 音読したい英語名言 300 選』（英語名言研究会編著，田中安行監修，KADOKAWA）
『世界のトップリーダー英語名言集　BUSINESS』（デイビッド・セイン　佐藤淳子，J リサーチ出版）
『世界のトップアスリート英語名言集』（デイビッド・セイン　佐藤淳子, J リサーチ出版）
『心に響く英語名言集　世界の女性編』（デイビッド・セイン　小松アテナ，J リサーチ出版）
『仕事・人生で活かせる英語の名言 135　世界の賢人たちから学ぶ知恵』（東郷星人，ごきげんビジネス出版）
『英語で味わう名言集　心に響く古今東西 200 の言葉』（ロジャー・パルバース, N H K 出版）
『「人を動かす」英語の名言』（大内博　ジャネット大内，講談社インターナショナル）
『人生を豊かにする英語の名言』（森山進，研究社）
『英語名言集』（加島祥造，岩波書店）

『プログレッシブ英和中辞典』（小学館）
『ジーニアス英和辞典』（大修館書店）
『ウィズダム英和辞典』（三省堂）

参考サイト

https://www.quotemaster.org/
https://www.allgreatquotes.com/
https://www.forbes.com/
https://www.bbc.com/news/
https://www.unwomen.org/
https://www.unhcr.org/
https://www.ted.com/talks/
https://www.nobelprize.org/
https://www.templegrandin.com/
https://news.yale.edu/
https://www.astridlindgren.com/
https://www.government.se/
https://www.greenbeltmovement.org/

【執筆協力】
(和訳・語義・構文解説) 日和加代子, 渥美浩子
(コラム英文) Adam Ezard
(コラム和訳) 高橋知子

【校閲協力】
堀田史恵 (株式会社にこにこ), 岡崎恭子

【音声吹き込み】
Howard Colefield (アメリカ)
Rumiko Varnes (アメリカ)

書籍のアンケートにご協力ください

抽選で図書カードを
プレゼント!

Z会の「個人情報の取り扱いについて」はZ会 Web
サイト (https://www.zkai.co.jp/home/policy/)
に掲載しておりますのでご覧ください。

名言英単語

初版第1刷発行‥‥‥‥‥‥2021年11月30日
編者‥‥‥‥‥‥‥‥‥‥‥Z会編集部
発行人‥‥‥‥‥‥‥‥‥‥藤井孝昭
発行‥‥‥‥‥‥‥‥‥‥‥Z会
　　　　　　　　　　　　〒411-0033　静岡県三島市文教町1-9-11
　　　　　　　　　　　　【販売部門：書籍の乱丁・落丁・返品・交換・注文】
　　　　　　　　　　　　TEL 055-976-9095
　　　　　　　　　　　　【書籍の内容に関するお問い合わせ】
　　　　　　　　　　　　https://www.zkai.co.jp/books/contact/
　　　　　　　　　　　　【ホームページ】
　　　　　　　　　　　　https://www.zkai.co.jp/books/
装丁‥‥‥‥‥‥‥‥‥‥‥萩原弦一郎 (合同会社256)
DTP‥‥‥‥‥‥‥‥‥‥‥株式会社 デジタルプレス
録音・編集‥‥‥‥‥‥‥‥株式会社 ジーアングル
印刷・製本‥‥‥‥‥‥‥‥シナノ書籍印刷株式会社

ISBN978-4-86290-382-2　C0082